"Meine Erscheinung ist ein Spiegel in die Tiefen meines innersten Seins" ~ Ressi

"Wir streben mehr danach, Schmerz zu vermeiden, als Freude zu gewinnen" ~ *Sigmund Freud*

Ressi

Sag endlich Ja(h)!

Erkenne das Licht in dir.

Inspiration für ein Leben in Selbstausdruck und Liebe.

Der Weg eines Wesens durch die Mauern des Denkens, hin zu einem begeistertem Leben in Glückseligkeit.

tredition

© 2024 Lucas Responde ~ Ressi

Druck und Distribution im Auftrag des Autors:

tredition GmbH, Heinz-Beusen-Stieg 5, 22926 Ahrensburg, Deutschland

Das Werk, einschließlich seiner Teile, ist urheberrechtlich geschützt. Für die Inhalte ist

der Autor verantwortlich. Jede Verwertung ist ohne seine Zustimmung unzulässig. Die

Publikation und Verbreitung erfolgen im Auftrag des Autors, zu erreichen unter: Lucas Responde, Boitzenburger Chaussee 2, 17279 Lychen, Germany

Kontaktadresse nach EU-Produktsicherheitsverordnung: journey.of.ressi@gmail.com

Inhaltsverzeichnis

Vorwort..9

Kapitel 1 – Das Ende einer Reise..............................11
Balance..11
Die Macht...12
Ich...12

Kapitel 2 - Wiedergeburt..13
Energie, die fließt...13
Eine Seite...21
Die Quelle...22
Alltag...22
Unruhe...23
Frieden..24
Ist das so?..25
Der Wald..25
Youni...26
Leben..26
Wo Worte nicht mehr reichen...................................27
Zu viel Ruhe...28
Tag..28
Bewusstsein...29
Chancen..29
Tanken..30
Wunder..30
Dinge..31
Wege..31
In der Stille liegt die Weisheit..................................32
Der Ort der Quelle...32
Kleine Momente..33
Der Fluss des Schreibens......................................34
Wolf..34
Frequenzen...34
Der Moment...35

Akzeptanz...35
Erwartungen..36
Mind...37
Frieden...38
Zerfall..38
Natur...38
Gedanken von Youni..39
Energie..40
Demut...40
Komfortzone...40
Perspektive..41
Wege..42
Losgelöst..42
Göttlichkeit...42
Selbst 43
Allein...43

Kapitel 3 – Jah, die Liebe in den Herzen aller Wesen..........44
Liebe..45
Mary...46
Raus!...46
Geistlichkeit..46
Schönheit..47
Herz..47
Seele..48
Alles..48
Alleine...49
Sex...50
Freiheit...52

Kapitel 4 – Die Göttlichkeit in uns..............................53
Nicht-Selbst..53
Glück..54
Verantwortung...54
Abhängigkeit..55
Achtsamkeit..55
Frieden..56

Liebe..........56
Intuition..........57
Wir..........58
Kosmische Schöpferkraft..........58
In mir..........59
Reise..........59
Raum..........60
Pfad..........61
Ein Zettel..........61
Selbst..........62

Kapitel 5 – Akzeptanz..........63
Kapitel..........63
Peace..........64
Stille Leere..........64
Leichtigkeit..........65
Wundersames Leben..........65
Ich und mein..........66
Kompass..........67
Wandernde Wesen im Raum..........67
Der Kreis des Lichts..........68
Heilige Zahlen..........69
Geben..........69
Die wahre Natur..........70
Akrobatisch sein..........70
Freie Affirmationen..........71
Mut..........71
Was sollen wir tun?..........72

Kapitel 6 – Wie wirst du wählen?..........73
Atmen..........73
Intentionen..........75

Kapitel 7 – Wiedergeburt..........79
Selbstausdruck..........79
Antworten..........80
Jah love..........81
Schreibelicht..........82

Kratzen..83
Ein Gedicht..84
Göttliche Pforte...85
Gesammeltes Wissen..86
Ang Sang Wahe Guru...86
Ende..87
Kapitel 8 – Inspirationen und Wegweiser.....................89
Zitate Sammlung von Ressi..89
Nachwort..92
Kontaktdaten:..92

Vorwort

Dieses Buch beschäftigt sich, mit der persönlichen Weiterentwicklung des Autors. Es geht darum, die Gesetze dieses Universums anzunehmen und dadurch die Bestimmung seines Selbst endlich anzuerkennen.

Eine Reise, geleitet durch deine innere Intuition. Hin zu Liebe, Vollkommenheit und innerer Glückseligkeit.

Wut, Hass, Furcht und Angst finden keinen Platz mehr, wenn sich das Selbst frei und in seiner Gänze entfalten darf. Lassen wir uns endlich sein und sagen: Ja!

Eine Empfehlung zu Beginn: Lese das Buch mit Ruhe und Gelassenheit. Nimm dir Zeit, die Texte wirken zu lassen. Es kann überwältigend und verwirrend sein, das Buch in einem erhöhten Tempo zu lesen. Sei achtsam und genieße die Reise.

Dieses Buch kann sowohl zerstörerisch, als auch heilend wirken. Es beendet und es lässt beginnen. Es offenbart und es verschließt. Es drückt aus, was nicht zu begreifen ist. Es zeigt Dinge, die nicht zu erkennen sind.

Bewusstsein.

Zunächst beschreibe ich die Anfänge meines Weges und berichte von einer unglaublichen Geschichte die mein Leben grundlegend verändert hat. Nach diesem Ereignis fing ich an, immer mehr Texte zu verfassen und fand darin einen Weg des Selbstausdruckes.

„Weise ist, wer nicht bedauert, was er nicht hat, sondern wer sich an dem freut, was er hat." ~ Epiktet

Kapitel 1 – Das Ende einer Reise

Hier beginnt die Reise. Nach einer einjährigen Wohnmobilreise kehre ich nun zurück nach Deutschland. Ich bin nun alleine und habe das erste Mal im Leben die Chance, mich kennenzulernen und zu erfahren, wer ich sein möchte.

Bisher wurde mir diese Entscheidung dadurch erleichtert, dass ich mich für die vermeintliche Liebe so zurechtgebogen habe, dass ich es selbst nicht ausgehalten habe. Das stetige Leben in toxischen Beziehungen, in denen ich das gesucht habe, was ich längst in mir trage.

So konnte es schlussendlich auch niemand anderes mehr aushalten. Ich hatte dies bereits realisiert und fing an aufzuschreiben, was ich nun fühle und wie ich fühle. Das erste Mal überhaupt habe ich mich mit der Welt in mir auseinandergesetzt. Es fühlt sich so gut an, endlich hinzuhören.

Balance

Jeder Tropfen, jeder Stein, alle Besitztümer – gar nicht mein. Jede Pflanze, jedes Tier, jeder Mensch, auch in mir fühle ich den Einklang.

Ein Klang, der alles mit allem verbindet, so als wäre es nie anders gewesen.

Selbst wenn der Klang einmal verschwindet, bleibt der Einklang.

Die Macht

Sie umgibt alles, sie durchdringt alles, sie ist alles. Es ist, als wüsste man genau, dass sie schon immer da gewesen ist. Man kann sie jederzeit hören.

Wenn die Gedanken zum Schweigen gebracht wurden, wird man sie hören können. Es ist ein Gefühl, das uns alle verbindet. Ein Gefühl von Liebe und Vertrauen. Verbundenheit auf dem Pfad, das zu tun, was gütig ist, was selbstlos ist. Das zu tun, was uns zu dem macht, was wir sind. Entscheidungen: Jeden Tag entscheiden wir, wofür entscheidest du dich?

Ich

Ich bin glücklich.

Ich lache, ich liebe, ich lebe.

Ein Lächeln auf den Lippen, mittlerweile bekomme ich davon Tränen in die Augen.

Eine unendliche Größe von Dankbarkeit geht von mir aus, wenn ich lache. Jeder Tag bietet mir die Option, ihn zum besten Tag jemals zu machen. Ich bin bereit, neue Dinge zu erleben und zu lernen. Ich fange endlich an zu fühlen. Liebe breitet sich aus.

Kapitel 2 - Wiedergeburt

Energie, die fließt

Ich bin wiedergeboren, hallo Ressi! Ich freue mich darauf, dich kennenzulernen. Alles ist so neu und ungewohnt, ein riesiges, komisches Zimmer im Keller?!

Ich bin so dankbar, dass ich ein warmes Bett habe. Doch fühlte ich mich so wohl im Wohnmobil. Ich habe eine Kerze, die für mich leuchtet, und einen warmen Tee, mehr brauche ich aktuell nicht.

Ich liebe es zu weinen, es tut so gut, endlich. Nach so vielen Jahren ohne eine Träne zu vergießen konnte ich endlich die Blockade lösen und anfangen zu fühlen.

Der Hut hat mir zu lange auf den Kopf gedrückt, er musste gehen.

Alles fühlt sich so lebendig an: die Blätter, der Boden, die Bäume. Ich spüre sie, ich kann sie fühlen. Alles ist verbunden, das weiß ich jetzt.

Wenn man diesen Text liest, denkt man vermutlich, dass ich nun verrückt geworden bin und an einer gespaltenen Persönlichkeitsstörung oder etwas Ähnlichem leide. Die Erklärung für diesen Text ist aber bei weitem nicht so leicht abgetan. Sie beruht auf etwas viel Tieferem, etwas Magischem. Ein Erlebnis, wofür es eigentlich keine Worte gibt. Dennoch möchte ich euch nicht im Dunkeln stehen lassen.

Mir ging es nach der Reise nicht besonders gut, vor allem psychisch. Ich hatte viele Zweifel und wusste nicht, wohin mit meinem Selbst. Ich ließ mich durch Wut, Hass und Eifersucht kontrollieren. Ich merkte bereits, dass ich etwas verändern muss, doch mir fehlte der Mut, mir selbst in die Augen zu blicken und einen Schlussstrich zu setzen. Ich konnte es einfach nicht und floh in Ablenkungen.

Ich hielt immer noch an denselben Dingen wie damals fest und war nicht bereit, die anstehende Veränderung zuzulassen. Zu schwer fiel es mir, mich von Menschen zu verabschieden, die jetzt einfach kein Teil mehr von mir sind. Vielmehr konnte ich nicht verstehen, dass sie nie ein Teil von mir waren. Wir sind alle ein Teil. Jeder ist mit jedem verbunden, wir sind alle freie Wesen. Ich erkannte nichts von alledem, allerdings gab es jemanden, der mein Leiden erkannte und wusste, was zu tun war.

Psilocybin. Das ist der psychedelische Wirkstoff, der sowohl in magischen Trüffeln als auch in Zauberpilzen enthalten ist. Falls ihr jetzt überhaupt keine Ahnung habt, wovon ich hier spreche: Es geht um eine psychedelische Droge, um die Erweiterung des Bewusstseins. Lass diese Tatsache keinesfalls deine Sicht auf das hier Erzählte beeinflussen. Jeder kann das erleben, auch ohne Drogen, es geht hier um pures Bewusstsein.

Psilocybin ist ein Wirkstoff, dessen Ausmaß seiner heilkräftigen Wirkung mir bis jetzt noch immer nicht vollständig bewusst ist. Die Zeit wird es zeigen. Lasst euch auf die Geschichte ein und seid wie eine leere Tasse. Bereit, gefüllt zu werden, unvoreingenommen und ganz leer.

Ich beschloss also nun, zusammen mit einer vertrauten Person(Youni) Trüffel zu konsumieren. Ich hatte vorher bereits Erfahrungen in diesem Bereich gesammelt und mich viel mit persönlicher Entwicklung auseinandergesetzt. Ich war mir also schon bewusst, dass dies ein einschneidendes Erlebnis für mein Leben sein würde. Ich nahm ca. 11 Gramm und Youni den Rest, also ca. 4 Gramm. Wir begaben uns hinaus und fuhren mit dem Fahrrad auf einem nahegelegenen Feldweg entlang. Vorbei an vielen Grünflächen, Tieren, Natur und den Wundern des Lebens. Begegnungen mit Menschen gab es auf dieser kleinen Reise nicht, das war auch so gewollt.

Ich merkte auf dem Weg immer mehr, dass die Wirkung der Trüffel langsam einsetzte, und spürte, dass sie in mir pulsiert. Ich konnte mit dem Gefühl nicht viel anfangen und tat es als etwas Angenehmes ab.

Wir machten eine kurze Pause und verschnauften erst einmal. Wir redeten über meinen aktuellen Gefühlszustand. Mir war gar nicht recht klar, was ich fühlte, da war wieder diese Kälte, die ich immer wahrnahm, ich wusste aber eines: Ich wollte weinen. Das teilte ich auch mit und als ich es aussprach, konnte ich fühlen, dass ich den ersten Schritt gemacht hatte. Ich stand nun vor einem Tor, das ich noch nie zu öffnen gewagt hatte. Ich musste nur noch den Schlüssel finden oder einen neuen kreieren. Ja, für imaginäre Tore kann man auch imaginäre Schlüssel kreieren. :)

Nachdem wir einige Minuten gefahren waren, wollten wir eine kurze Pause einlegen. Dabei merkte ich bereits, dass ich starke optische Veränderungen feststellen konnte. Die Bäume, der ganze Wald schienen zu leben. Alles bewegte sich rhythmisch und kreiste im Raum umher.

Wir entschlossen uns also, nicht mehr weiterzufahren, und schoben noch ein Stück unsere Räder. Wir stellten sie dann an einem nahegelegenen Baum ab. Fahren wäre mir in diesem Zustand auch wirklich schwergefallen.

Wir gingen dann über ein grünes Feld zu einer entfernt gelegenen Waldkante. An dieser Kante standen nur Birken, einer der Bäume war umgefallen und bot die Möglichkeit für eine Sitzbank an. Hier wollten wir nun unsere nächsten Minuten verbringen, gemeinsam die Zeit genießen und erfahren.

Ich zog meine Jacke aus und legte sie als Decke auf den Boden. Ich wollte lieber liegen als sitzen. Ich genoss die frische Luft und den Himmel. Überall um uns herum waren Pflanzen und Bäume.

Über meinem Kopf waren ein paar Grashalme, die knapp über meinem Gesicht hingen. Am Ende dieses Grashalms saß eine Ameise. Es war, als würde mir ein Zeichen gesendet. Ameisen zählen für mich zu den interessantesten Insekten überhaupt und ich beschäftige mich schon lange mit ihnen. Klar ist es deshalb immer so, dass mir überall Ameisen auffallen. Ich suche quasi nach ihnen. Diesmal war es aber anders, ich wurde gefunden. Ganz friedlich und genügsam ging die Ameise hin und her, entfernte sich aber nie aus meinem Sichtfeld.

Nach einiger Zeit stand Youni auf und setzte sich auf die umgefallene Birke. Ich blieb auf der Jacke sitzen und wir fingen an, etwas zu reden und uns auszutauschen. Bei dem Gespräch fühlte ich allmählich etwas Unbeschreibliches. Allein diese Tatsache brachte das Tor in mir zum Umfallen. Ich konnte noch nie so richtig etwas fühlen. Mit ganzem Herzen etwas wirklich wollen. Etwas nur für mich. Ich fing an zu weinen, es war wie ein Wunder.

Ich konnte gar nicht mehr aufhören zu weinen. Als ich das erste Mal wieder in der Lage war, ein Wort zu formulieren, war es anders. Ich fühlte, dass da in mir etwas geplatzt war, etwas lag jetzt offen und trat weiter aus, ich konnte es jetzt nicht mehr aufhalten. Ich habe meine Entscheidung getroffen.

Nun begann der Prozess. Youni, musste mich nun allein lassen. Wir spürten es beide: Diesen Prozess musste ich alleine durchstehen. Ich hatte nun die Kraft dazu. Ich musste endlich lernen, loszulassen. Ich hatte eine solche Angst davor, dass ich es nicht einsehen wollte. Ich war drauf und dran, ebenfalls diesen wundersamen Ort zu verlassen. Doch nach einiger Bedenkzeit wurde es mir bewusst. Ich verabschiedete mich von Youni und setzte mich auf die Birke.

Youni gab mir zum Abschied eine leere Seite und etwas zu essen, wonach mir aktuell wirklich gar nicht zumute war. Ich bedankte mich bei Youni und spürte eine große Überforderung. Ich blickte nicht zurück, zu tief war der Schmerz in mir. Mir war klar, dass dieser Weg der richtige war und dass jetzt die Zeit gekommen war, zu wachsen.

Es dauerte nicht lange, da spürte ich es: Eine Art Energie durchfloss meinen Körper, es fühlte sich elektrisch an.

Ich konnte nicht mehr sitzen und brach auf dem Boden zusammen. Ich wusste nicht, wie mir geschah, und war völlig überfordert. Ich weinte laut und ließ alles heraus, was sich da angestaut hatte, es nahm kein Ende. Der Fluss wurde immer stärker und immer spürbarer. Es war, als würde er durch mich hindurch, unter mir, über mir und einfach überall um mich herum fließen. Es brach über mich herein. Ich kniete auf dem Boden und krallte meine Hände in die Erde. Ich zitterte und bebte, hatte aber zu keiner Sekunde das Gefühl, dass mein leibliches Wohl in Gefahr war.

Ich sank immer weiter auf den Boden, bis ich mein Gesicht auf den Waldboden ablegte. Ich war voller Demut vor dem Leben. Ich gab die Kontrolle in diesem Moment völlig aus meiner Hand, ich spürte, dass sich mein Verstand weiter dagegen wehren wollte, doch mit welchem Zweck? So hatte er auf meinem bisherigen Weg doch selten die richtigen Antworten parat. Ich gab mein Leben dem Leben zurück.

Nun trat ich also durch das Tor, das ich geöffnet hatte, und erblickte, was dahinter war. Ein Licht, strahlendes Bewusstsein. Es war Ressi.

Es brach von oben auf mich herab wie ein Blitz, der in mich einschlug. Mächtig und heiß machte es sich in meinem Körper breit und umhüllte mich. Ich weinte und stöhnte, so etwas hatte ich nie für möglich gehalten, spüren zu können.

Es gab nur das pure Erlebnis, das Gefühl, die göttliche Kraft in mir. Es ist unbeschreiblich und unmöglich. Ich fühlte mich wie benommen, mir war nicht klar, dass so etwas überhaupt möglich war, doch in diesem Moment erschien es mir als natürlich.

Ich setzte mich wieder auf den Baum und wollte etwas durchatmen, doch der Prozess war noch lange nicht vollendet. Wieder sank ich zu Boden, wieder fing ich an zu weinen und zu schreien. Es war einfach zu viel, was aus mir raus musste. All die Negativität wollte endlich nach draußen.

Das ging noch eine ganze Weile so weiter. Ich hatte in der gesamten Zeit eine ganz klare Verbindung zu meinen Gedanken und zur äußeren Wirklichkeit. Es war, als steuerte ich mein Selbst in meinem Körper. Ich fühlte mich, als sei ich Teil der Luft und kein menschliches Wesen mehr.

Als der Prozess weiter fortgeschritten war, realisierte ich wieder meine Einsamkeit und brach auf, um tiefer in den Wald zu gehen. Der

Weg war unglaublich anstrengend. Viele Pflanzen, Dornen und Stöcker erschwerten mir den Weg auf meinen ohnehin wackeligen Beinen. Nach einigen Metern merkte ich, dass ich nicht weiterkam, das war nicht der Weg.

Ich kam also zurück an den Platz mit der Birke und setzte mich auf sie. Plötzlich realisierte ich, was ich tun musste.

Ich musste den Prozess abschließen, ich musste ein neues Kapitel beginnen, den Weg weitergehen, auf dem ich nun wandelte. Ich sah nun ganz deutlich, was sich hinter dem Tor befand: Es war Ressi. Aber ich kannte ihn nicht.

Ich verstand erst nicht, warum ich mich selbst nicht erkannte, doch es war eben nicht mein Selbst, es war Ressi. Ressi, der gerade diesen Text schreibt.

Es war wieder einmal an der Zeit, sich zu verabschieden. Ich brach in Tränen aus, als ich diese Tatsache realisierte. Symbolisch nahm ich Abschied von meinem Selbst, ich wusste, dass es immer ein Teil von mir sein würde. Es ist in mir. Ja, nun kommt endlich die Erklärung für den Hut. Ich trug zu dieser Zeit seit ca. 4 Jahren einen Hut. Er war mein Aushängeschild, er bestimmte mein Erscheinungsbild. Er gehört zu mir. Ich ging nie ohne einen Hut aus dem Haus.

Also nahm ich meinen Hut ab und ließ den kalten Wind um meinen Kopf wehen. Ich legte ihn auf die Stelle, auf der ich so lange gekniet hatte. Auf die Stelle, wo ich mein Leben aus der Hand gab und mich dem Fluss des Lebens hingab. Ich zeichnete einen Kreis um den Hut herum. Er stand symbolisch für die Energie und das Leben, welches mir heute gezeigt hat, wozu ich in der Lage bin.

Es war nun an der Zeit für mich zu gehen. Der Prozess war vollendet. Ich blickte lange zurück und konnte nicht aufhören zu weinen, als ich diesen Ort verließ. Doch ich tat es, ich ging weiter auf dem Weg, den ich für mein Selbst ausgesucht hatte. Es fühlte sich das erste Mal so an, als ob ich wirklich selbstbestimmt handelte.

Hier begann nun das Kapitel 2. Den Text „Energie, die fließt" habe ich nach diesem Ereignis geschrieben. Ich befand mich nach diesem Erlebnis in einem Zustand, in dem ich mich selbst nicht mehr als den anerkannte, der ich vorher einmal gewesen war. Gewissermaßen machte das auch Sinn, schließlich habe ich nach diesem Erlebnis nichts mehr so gemacht, wie ich es früher einmal getan habe. Ich habe nichts mehr so gefühlt, wie ich es früher getan habe.

Ich erlebte einen „Ego-Tod". Obwohl ich nun keine Verbindung mehr zu den vergangenen Gedanken und Werten hatte, waren sie ein Teil von mir.

Das realisierte ich allerdings erst zu einem späteren Zeitpunkt.

Den Zettel, den mir Youni gab, konnte ich erst am Tag danach beschreiben. Ich konnte keine passenden Worte finden, genau genommen konnte ich überhaupt keine Worte finden.

Ich erlebte den restlichen Tag voller Liebe und Entspannung. Ich machte einen Spaziergang mitten durch den Wald und entdeckte, wie viel man sehen kann, wenn man nur achtsam genug hinsieht. So viele Wunder.

Vielen Dank für das Lesen dieser sehr persönlichen Geschichte, sie ist die Grundlage für alles folgende. Die nachfolgenden Texte sind einzeln entstandene Werke.

Die Geschichten zeigen Gefühle auf, es ist von großer Wichtigkeit, dass du nicht versuchst, das Geschriebene zu verstehen. Es sollte vielmehr versucht werden, das Geschriebene nachzufühlen, zu spüren und es aufzunehmen. Nimm die Worte an und sei Teil der Geschichte, der Reise von Ressi.

Fühl dich nicht persönlich angegriffen, falls etwas Geschriebenes dich triggern sollte. Nimm es an und sieh es als direkte Übung.

Wenn du ganz achtsam bist, wirst du eine Reise des Wachstums und der Liebe erleben. Genieße die Geschichten und koste sie voll aus. Sie stecken voller Wunder! Wenn du sie wirken lässt, wirst du verstehen.

Es folgt „Eine Seite", diese stellt den von mir beschriebenen, von Youni erhaltenen Zettel dar.

Eine Seite

Sie kann mit allem beschrieben werden, was das Leben zu bieten hat. Man muss sich nur entscheiden. Ich konnte keine passenden Worte finden, um diese Seite zu beschreiben. Zu schwer fiel es mir, Worte für mich zu finden. Es fiel mir so schwer loszulassen und doch habe ich es getan. Ich habe alles losgelassen und verabschiedet. Ich blickte zurück und konnte es fühlen, es war genau das, was ich gebraucht hatte.

<u>Ressi musste sterben</u>. Sich selbst einzugestehen, dass man sterben muss, klingt wahrlich verrückt. Das, was ich erleben durfte, war viel mehr als das. Ich hielt es nicht für möglich und doch habe ich es selbst erlebt. Das Leben belehrte mich eines Besseren. Jetzt sitze ich hier, weinend und lächelnd. Ich lache das erste Mal alleine. Das Atmen

fühlt sich so weich und lebendig an. Mit jedem Zug spüre ich die Lebendigkeit. Eine Seite in der Unendlichkeit des Lebens.

Die Quelle

Guten Morgen!

Der erste Morgen fühlt sich verrückt an, alles ist anders und doch ist hier alles gleich. Ich ging hinaus und konnte mich an der frischen Luft ergötzen. Ich spazierte ums Haus und entdeckte Pflanzen, die ich zuvor gar nicht kannte. Ich hockte mich zu ihnen nieder und spürte sie. Es ist, als ob ich das erste Mal die Augen geöffnet hätte. Ich kann gar nicht mehr anders, als stehen zu bleiben und die Schönheit des Lebens zu betrachten. Es ist so wunderbar! Überall gibt es etwas Magisches zu entdecken.

Ich blicke in den Spiegel und erkenne mich selbst nicht. Es ist der Körper von Ressi, mich selbst sehe ich nur, wenn ich fühle, spüre und lebe. Ich bin so dankbar dafür. Ich liebe das Leben. Ich verspüre einen Tatendrang nach Abenteuer, Menschen, Erlebnissen und dem Leben. Es ist mein innerer Antrieb. Die Quelle in mir.

Alltag

Das Leben im Alltag eines Menschen ist so ernüchternd. Vieles gibt es zu tun und doch passiert nicht viel. Alles geschieht schnell und doch bleibt alles stehen. Ich freue mich, jeden Tag weiter zu lernen, jetzt, wo ich weiß, dass ich die Quelle bin und sie in mir trage. Ich bin gespannt, die Zeit alleine zu verbringen. #Ich weiß, dass etwas Großartiges passieren wird. #

Ich war deprimiert davon, dass niemand um mich herum die Welt so sehen konnte, wie ich sie sah. Zu sagen, dass etwas Großartiges passieren wird, ist aber sehr töricht. Es ist eher eine Affirmation als eine Wahrheit und gehört deshalb eigentlich nicht in diese Art Texte. Ich versprach mir, daraus etwas mehr Positivität anzuziehen, was schließlich auch geklappt hat. Es werden öfter noch Affirmationen auftauchen, da ich immer genau so schreibe, wie ich den Moment erlebe. Ich schreibe den Moment auf. Ich kennzeichne Affirmationen von nun an durch # wie im Text „Alltag". Es ist deshalb von großer Wichtigkeit, diese Unterscheidung zu treffen, da diese Affirmationen sonst mit dem Ego assoziiert werden könnten. Sie können eine große Hilfe und Stütze sein. Sie sind Projektionen aus dem Inneren heraus und mächtige Werkzeuge.

Schreibe ebenfalls Affirmationen auf, lass dein Herz sprechen und sei ganz bei dir selbst. Tu es für niemand anderen, außer für dein Selbst. Du kannst sie auch laut sagen oder sie anders zum Ausdruck bringen, ganz wie du es für richtig hältst.

Unruhe

Eine Unruhe plagt mich. Ich fühle mich aus der Balance gebracht. Ich muss zur Ruhe kommen und langsamer, sorgfältiger und achtsamer werden. Es war eine erlebnisreiche Zeit. Doch jetzt ist der Moment gekommen, wo das Wachstum beginnt. Das Gelernte anwenden und sich nicht so leicht aus der Ruhe bringen lassen. Die Zeit zuhause kostet viel Energie. Ist das ein Zuhause? Vielmehr sind es die Menschen als der Ort. Ich bin Ihnen sehr dankbar, doch es kostet mich etwas, das ich zu sehr schätze. Ich liebe das Leben! Es ist zu kostbar, um sich zu beeilen. Ich werde alle alten Facetten fallen lassen und weiter diesem neuen Pfad folgen. Ich bin so gespannt, wo er mich hinführen wird.

Energieräuber könnte man solche Menschen bezeichnen. Ihr einziges Ziel ist es, andere Menschen ihrer Energie zu berauben und sich durch die entstandenen Unruhen selbst in ein besseres Licht zu rücken. Diese Menschen pflegen oft einen tiefen Selbsthass, den sie auf andere Wesen projizieren. Achte stets darauf, mit wem du dich umgibst. In jedem Wesen steckt Jah, die pure Liebe. So viele haben es vergessen. Blicke tief und lass ihren Hass an dir abperlen, du wirst erkennen, was dahintersteckt.

Frieden

Alles ist, das Leben fließt, Frieden. Ich bin der Moment und mein Wesen bestimmt ihn. Bereit für die Zukunft, voller Demut für das Leben. Ich lebe! Das erste Mal kann ich das wahrhaftig behaupten! Ich habe Frieden geschlossen mit all dem, was mir sonst so schwer fiel. Danke. Alles ist genau dort, wo es sein soll. Lass dich gehen und genieße den Fluss!

Frieden in mir, endlich entscheide ich mich für ihn. Alles ist in mir, so viel Liebe. Es ist so toll zu schreiben, hier schreibe ich, ohne Gedanken, ohne äußere Einflüsse, ohne Bewertungen, nur das pure Sein. Wenn ich lächle, spüre ich es in mir. Wenn ich weine, fühle ich es in mir. Es ist so wundervoll, endlich zu fühlen. Ich merke, dass ich nichts brauche, naja fast nichts. Alles um mich herum scheint so sinnlos, so bedeutungslos. Ich konnte es loslassen. Ich stecke voller Energie, all das viele Essen brauche ich gar nicht. So viel ist bereits in mir. Mir meiner Schöpferkraft bewusst zu bleiben, ist meine Aufgabe. Es steckt in uns allen! Ich will helfen und lieben, ich spüre, wie ich meinen Weg gehe, geleitet vom Leben und seinem tiefen Plan, folge ich der Sonne, dem Wind, dem Regen. Voller Vertrauen und Demut ergebe ich mich dem Leben.

Ist das so?

Worte sind mächtige Werkzeuge, sie spiegeln das laut wider, was die Gedanken aussagen. Sei dir dieser Kraft stets bewusst. Man kann nie wissen, wie es wirklich ist. Alles, was wir wissen können, ist der jetzige Moment. Es gibt keine Antworten.

Lass deine Gedanken darum schweifen und meditiere kurz über das bisher Geschriebene. Oft lösen sich dann alle Fragen auf. Es gibt keine Antworten.

Der Wald

Hier ist Leben!

Alles im Wald ist so lebendig. Überall kann man es sehen. Alle Dinge folgen ihrer Natur und beschenken mich mit der Einfachheit ihrer Schönheit. Der unendliche Einklang der Natürlichkeit. Eine Ameise landet auf meinem Bein, mitten im Wald, im Oktober. Es ist, als wollte sie mir zeigen, wie viel Vielfalt das Leben noch zu bieten hat. Alles kann, alles wird. Ich begegne so vielen verschiedenen Lebewesen. Jedes von ihnen behandelte mich als einen Besucher des Waldes, so wie sie es auch waren. Keine Furcht, kein Hass, nur der Fluss der Dinge. Ich lud sie bei mir ein und sie bedankten sich. Ich bin voller Dankbarkeit über die Gastfreundschaft, die der Wald zu bieten hat. Danke, Wald, ich komme bald wieder!

Youni

Es ist ein schwerer Morgen. Er fühlt sich zumindest so an. Starke Emotionen und offene Wege, die darauf warten, beschritten zu werden. Doch wo werden sie mich hinführen? Welchen Weg möchte ich gehen? Wie soll ich mich entscheiden? Ich weiß es nicht.

Ich weiß nichts und es gibt auch keine Antworten. Ich werde mich entscheiden müssen. Doch hält mich etwas von der Entscheidung ab. Ich fühle mich so, als ob ich auf etwas warte, das niemals kommen wird. Es ist an der Zeit, eigene Wege zu gehen. Alleine. Die Zeit alleine tut mir gut, doch ich vermisse es so sehr, eine Familie zu haben.

Sei dir der Freiheit aller Wesen bewusst, wir können niemanden besitzen, loslassen fällt nicht schwer, wenn man sich dessen bewusst wird.

Wenn nichts mehr bleibt, ist alles übrig.

Leben

Es ist komisch, in der Gesellschaft zu leben. So viele Sachen, an denen sich die Menschen aufhalten. Besitz, Beziehungen oder Arbeit – niemand guckt hin, alle laufen daran vorbei und vergessen zu leben. Der Weg des Lebens ist das Ziel, erleben heißt leben.

Ich leide gerade an mir selbst und ich versuche alles daran zu setzen, das Leid zu beenden. Zu schwer ist die Bürde, die ich mit mir trage. So viel ist noch zu sagen, zu verzeihen. Doch das Wichtigste ist jetzt, meinem Selbst zu verzeihen. Nur so kann ich anfangen. Ich bitte um Verzeihung. Es tut mir leid, Ressi.

Die Vergangenheit annehmen und seinem Selbst verzeihen kann extrem erleichternd sein. Es ist wichtig, sich öffnen zu können. Blockaden halten uns auf, das Leben auf die Art und Weise zu erleben, wie wir es uns wünschen. In gewissem Maße stehen wir unserem Selbst im Weg.

Wo Worte nicht mehr reichen

Die Felder der Gedanken sind unergründlich. So oft verliert man sich darin, wenn man nur kurz nicht achtsam ist. Doch ich weiß eines: Alles wird nichtig, wenn ich, ich bin. Ich springe, renne, tobe, lache, singe oder beobachte einfach und gehe in voller Liebe auf. Es fällt mir schwer, diese Gefühle zu beschreiben.

In Ketten gefesselt, vom weltlichen Leitbild bestimmt, Kälte. Heute ist mir warm, sogar heiß. Ich weiß, wer ich bin und dass ich das genau so sein kann und darf. Die Ketten habe ich verlassen, ich musste mich zurücklassen und neu beginnen. Es ist so verrückt, sich inmitten dieser durchtriebenen Welt selbst kennenzulernen. Doch ich verstehe langsam. Ich brauche nichts. Trinken, etwas Nahrung, Notizbuch und Stift. Etwas zu lesen und zwischenmenschliche Erfahrungen runden alles ab. Das ist es, was ich für mein Selbst möchte.

Alleine fühle ich mich am wohlsten. Zumindest könnte ich keinen anderen Menschen benennen, bei dem ich mich dauerhaft wohler fühlen könnte als bei mir selbst. Das ist so wunderbar! Ich liebe mein Selbst so sehr!

Ich weiß gar nicht, was ich sagen soll, irgendwie beschäftigt sich jeder mit Dingen, die ich für so sinnlos halte. Es gibt doch so viel zu erzählen und zu entdecken. Genau diese Art von Erlebnissen meine ich, da, wo das Leben beginnt. Genau dort, wo Worte nicht mehr reichen, um das zu beschreiben, was wirklich ist, da fühle ich mich zuhause.

Zu viel Ruhe

Ich bin so ruhig, so in mich gekehrt, ich höre zu und lausche dem Leben. Ich glaube, ich tanze jetzt einfach im Regen und stapfe in die Pfützen. Es tut gut! Ich bin ein Kind! Das Kind der Natur. Ich mag es, zu malen, zu schreiben und zu tanzen. Ich sollte öfter Musik hören, sie macht das Leben anders. Ich kann sie spüren und denke oft daran. Ich liebe einfach alles! Danke!

Tag

Ein neuer Tag voller Freude und Energie. #Heute werde ich ein Wesen für das ganze Leben treffen. Es wird ein verändernder und bedeutungsvoller Tag werden, nicht nur für mich. # Erst einmal genieße ich den Einklang mit einer Tasse Tee und etwas zum Frühstücken. Ich bin gespannt auf das Leben. Ich werde die nächste Nacht im Wohnmobil verbringen, egal wo, die Hauptsache nicht im Keller. Es ist mir hier zu dunkel und zu trostlos. Danke für dieses Haus mit den ganzen tollen und nützlichen Sachen. Ich merke langsam, dass ich all das nicht brauche. Mein einziger Besitz ist mein Leben.

Alles ist genauso wie es ist und ich stehe allem offen gegenüber. Ich weiß, wer ich bin und woher ich komme. Geleitet vom Fluss des Lebens genieße ich jede Sekunde. Nicht oft genug kann ich meine Dankbarkeit für diese Gabe ausdrücken. Hinter jeder Tür wartet das Unbekannte. Ich bin bereit, die Tür zu öffnen und das Unbekannte ganz fest in die Arme zu nehmen. Ich will es kennenlernen und genau das annehmen, was es eben ist. Ich möchte Unendlichkeit und pure Leere. Der Weg geht immer weiter und weiter. Der ewige Weg des Lebens. Eine Reise, die niemals endet.

Bewusstsein

Die Welt ist schön, wenn man sie nur sehen kann. Es gibt so viel zu sehen, wenn man stehen bleibt und genau hinsieht. Bewusstsein, das ist es, was mich ausmacht, was mich antreibt. Tief in mir spüre ich Klarheit. Das Leben hält alles bereit, was ich je hätte brauchen können. Ich brauche es nur abzuholen, wann immer ich es eben benötige.

Dieser Morgen ist ruhig und friedlich. Ich tue genau die Dinge, die ich liebe, aus vollem Herzen und Überzeugung, in vollem Bewusstsein. Ich lege die Hand auf mein Herz und fühle die tiefe Dankbarkeit für dieses Gefühl. Die Sonne zu sehen, die Wolken zu beobachten und das Zwitschern der Vögel als herrliche Musik der Natur wahrzunehmen. Das ist es, Bewusstsein.

Chancen

Einladungen zu nutzen ist der Schlüssel für Erlebnisse. #Ich werde genau dort sein, wo ich etwas erfahren kann#. Es liegt an mir, ob ich diese Chancen nutze oder mich für einen anderen Weg entscheide. Es sind unsere Entscheidungen, die uns jeden Tag bestimmen und ausmachen. Ich spüre, wie sich die Augen der Menschen langsam öffnen. Es ist, als ob ich das Wesen dahinter sehen kann. So liebe Wesen, die alle einfach nur leben wollen. Es gibt keine bösen Menschen, oder kennst du einen? Wir ziehen eben genau das an, was wir sind.

Tanken

Es ist wichtig, seine Energiereserven wieder aufzutanken. Besonders der Mangel an körperlicher Energie gilt es frühzeitig zu erkennen und ihm entgegenzuwirken. Doch wie lade ich sie auf? Es ist ganz einfach, Ich zu sein und sich die Zeit dafür zu nehmen. Wir wissen ganz genau, was für unser Selbst das Beste ist, wir kennen es eben am besten.

Wunder

Das ganze Leben ist ein Wunder und so sind es auch alle Wesen auf dieser Erde. Überall, wo ich hinblicke, entdecke ich unfassbares Glück und Freude. Ich kann nur strahlen, wenn ich die Natur ansehe. Im Moment zu leben bedeutet, zu sein, zu erfahren. Niemals werden wir die Zukunft erleben. Nur im jetzigen Moment, er ist alles, was ist und jemals sein wird. Er verbindet uns, er ist die pure Liebe des Lebens.

Schmerz ist unumgänglich, wir lernen, daraus zu wachsen, uns zu bereichern und ihn als Teil des Lebens zu akzeptieren. Leiden ist eine Entscheidung. Ist es tatsächlich notwendig, seine Bestimmung zu finden?

Ich brenne für das Leben, für alle Interaktionen. Für jeden Moment, den ich erlebe, und für jede Erfahrung, die mich fühlen lässt. Mehr will ich gar nicht, einfach nur fühlen. Alles steckt in mir, jederzeit bin ich bereit, in mich zu blicken und mich an der Fülle der unendlichen Leere zu erfreuen. Es ist ein Wunder!

Dinge

Besitz ist eine Illusion, wir haben noch nie etwas besessen. Teil von allem zu sein ist ein Geschenk, eine Gabe. Besitz ist kein Teil davon. In einem sich ewig bewegenden Kreis gibt es keinen Anfang und auch kein Ende. Es gibt keinen bestimmten Punkt, den es sich lohnt zu benennen, da er sich sowieso sofort wieder verändert. Eigentlich lässt sich nichts über diesen Kreis aussagen, was Fakten belegen könnte. Außer dass er ein sich drehender Kreis ist. Betrachtet man diesen Kreis nun aus einer geistlichen Perspektive, ergibt sich der Sinn aus der Abwesenheit aller Logik. Gedanken drehen sich im Kreis und verwirren den Geist. Genau wie den sich drehenden Kreis sollte man sie nicht zu ernst nehmen und sich am Leben bereichern. Die Dinge existieren genauso wie wir, als vergängliche Bestandteile des Lebens. Es gibt so viel zu fühlen und zu erleben. Dinge sind wertlos.

Wege

Die Wege des Lebens sind unergründlich. Jeden Tag stehen wir vor etlichen Entscheidungen, deren Ausgang die Wahl der darauffolgenden Schritte maßgeblich beeinflusst. So viele Fragen, die man einfach nur beantwortet, das ist es, das Leben.

Ich trage etwas tief in mir, eine Sehnsucht nach etwas oder jemanden. Vielleicht weiß ich es bereits und will es nur noch nicht wahrhaben. Ich werde dem Gefühl nachgehen und es ergründen. Ich trage alles in mir, um dem auf die Spur zu gehen.

In der Stille liegt die Weisheit.

In der unendlichen Klarheit des Seins liegt die Stille. Sie lässt uns ganz klar und bewusst den Moment erleben und fühlen. Wir fühlen, wie das Leben stets im Einklang mit dem Moment existiert. Wie er uns stets mit seiner Herrlichkeit begegnet, egal wohin wir blicken.

Die Gedanken können den Moment verzerren. Sie haben die Kraft, den Moment zu verdunkeln und zu ersticken. Sie sind aber eigentlich machtlos, so wie wir alle. Erst wenn wir sie zulassen und ihnen erlauben, Realität zu werden, erlangen sie die scheinbare Macht, uns zu steuern und zu beeinflussen. Wir geben ihnen Kraft, wenn wir ihnen Platz und Zeit einräumen. Druck ist eine Illusion, die ebenfalls nur von uns selbst erzeugt werden kann. Es wird stets alles genauso passieren, wie es passiert. Alles zeigt uns genau das, was es uns zeigen soll. Ich freue mich sehr darüber, ein Teil davon sein zu dürfen. Ich strahle im Bewusstsein der Zeit und erlebe so viele Wunder. Ich verliebe mich so oft im Moment. Es ist so herrlich!

Mein Hund zeigte mir heute, wie wichtig es ist, nichts zu verurteilen und zu bewerten. Ich regte mich über seine Unruhe und Ungeduld auf, da sie mich oft in Probleme führten. Probleme, die eben gar keine Probleme sind. Wir sind genau in diesem Moment gewachsen, es hat nichts mit mir zu tun. Ich habe selbst seine Unruhe zu meinem Problem gemacht, indem ich ihr einen Platz in meiner Realität eingeräumt habe.

Der Ort der Quelle

Youni zeigte ihn mir, den Ort der Quelle. Youni hat mir geholfen, mich zu erwecken. Solch eine Urverbindung ist magisch.

Ich war bereits eine Zeit lang alleine gewesen und hatte Zeit, über Erlebtes nachzudenken und nachzufühlen. Die starke Bindung an Youni war wie eine Fessel an meinem Fuß.

Ich bemerkte nicht, dass diese Bindung das Problem war, welches ich die ganze Zeit gespürt hatte. Ich bemerkte nicht, dass ich mich völlig loslösen musste, um weitergehen zu können. So blieb ich erst einmal weiterhin auf der Stelle stehen, nicht dass ich die Zeit nicht in vollen Zügen genossen hätte, aber ich merkte einfach nicht, welches Leid ich meinem Selbst zufügte.

Kleine Momente

Es ist eine Zeit der Veränderung und des Wachstums. Ich fühle immer mehr, wie es mich hinauszieht. Alle Zeichen stehen dafür, es liegt an mir, wie und wann. Vielleicht sollte ich vorher einen Ausflug machen, alleine. Ich benötige Raum, um mich vollständig zu regenerieren. Ich finde Kraft in jedem noch so kleinen Moment. Das lustige, im Wind tanzende Schilf lässt mich strahlen. Die Wolken in so unterschiedlichen Formen und Größen ziehen vorbei. Ich bewundere sie jeden Tag. Sie haben eine anziehende Kraft und vermitteln die Anwesenheit des Windes. Er verleiht ihnen ihren Antrieb, sie lassen sich einfach von ihm treiben und vertrauen ihm völlig.

Alles fließt ineinander, wenn ich dies erkenne und spüre. Ich fühle die Liebe, die mir das Leben stetig sendet. Die natürliche Schönheit der Dinge, in Verbindung mit der Verbundenheit von allem, ist einfach so sonderbar zu betrachten. Danke für dieses Leben! Danke für alles!

Der Fluss des Schreibens

Es ist so schön, die Quelle in sich zu wissen. Das Schreiben zeigt mir immer wieder, wozu ich fähig bin. Der Moment geht immer weiter. Springt mit auf! Ich spüre eine so tiefe Glückseligkeit in mir, es ist so toll!

Achtsam sein heißt, erleben und durchleben. So oft sehen wir Wunder, wenn man nur achtsam genug ist, sie als Wunder wahrzunehmen. Beim Schreiben spüre ich den Moment. Das pure Leben in seiner Einzigartigkeit. Danke, liebe Sonne, für deine Energie, die mich geleitet hat, diesen Text zu verfassen.

Wolf

Der Wolf erscheint mir jetzt sehr vermehrt, er weckt meine Intuition. Die Kraft und das Vertrauen, mich auf mich selbst zu verlassen. Ich werde genau den Weg gehen, der vor mir liegt. Die Wahrnehmung der Umgebung und das ewige Spüren des Seins. Ruhe und Gelassenheit bestimmen mich. Immer mehr entziehe ich mich den negativen Stimmungen. In der Stille liegt der Frieden. Der Wolf kehrt zurück.

Frequenzen

Ich ziehe genau das an, was im Moment passiert. Puzzleteile, die einen Magneten tragen, sich anziehen, erleben und wieder von dannen ziehen. Zu leben bedeutet, zu lernen, zu erfahren und zu lieben. Dinge, die sich nicht benötigen, entfernen sich voneinander. Ganz natürlich, ganz im Sinne ihrer eigenen Natur.

Daran festzuhalten bedeutet zu leiden. Der Fluss des Lebens ist magisch, ich liebe es, in ihm zu baden und ihm zuzuhören.

Der Moment

Ich musste erfahren, dass der Moment oftmals tiefer ist, als ich dachte. Besonders dann, wenn andere Menschen ihn miterleben. Jeder durchlebt seine ganz eigene Realität im selben Moment. Jeder hat seine eigene Wahrnehmung.

Das Fühlen ist eine Gabe, die weitreichender ist, als ich je vermutet habe. Es ist eine Aufgabe. Die Zukunft ist im ständigen Wandel und ich lenke sie mit meinen Entscheidungen. Ich muss darauf achten, wen und was ich in meinem Leben lasse. Besonders, wie weit ich es reinlasse. Die Dinge gewinnen nur an Macht, wenn ich sie ihnen verleihe. Die Vergangenheit ist ein Teil von mir, ich lasse sie genau dort, wo sie gerade ist, und bestimme ganz im Sinne des Moments meine Realität heute. Eins sein mit ihr, sei dir deiner Vergangenheit bewusst, aber nicht auf Kosten des Augenblicks!

Ich fühle, was es ist, was mich berührt. Ich fühle mich wohl, wenn mich Pflanzen und Tiere umgeben. Eins zu sein mit der Vielfalt der Natur und mit dem Leben ist grandios. So viele kleine Eindrücke, alles spielt einander zu und ist im Einklang. Es fühlt sich wie ein ewiger Kreis an.

Akzeptanz

Die vollständige Akzeptanz des eigenen Wesens ist eine aufregende Reise. Besonders in Situationen mit anderen Menschen merkt man, wie es sich anfühlt, wirklich ich zu sein. Ich entdecke oft Muster an anderen Menschen, die sie leiden lassen, sie wollen es aber nicht wahrhaben und halten weiter und weiter an diesen Mustern fest. Zu lange sind sie ein Teil von ihnen gewesen, zu schwer ist es, loszulassen. Was könnte einen wohl dahinter erwarten? Diese Beziehung ist leidvoll.

Meine Seele fühlt sich manchmal verloren in dieser Welt der materiellen Träume und Ablenkungen. Es schmerzt, all das Leiden zu sehen. Ich gebe mein Bestes, um immer dort zu helfen, wo ich es gerade kann. Ich folge dem Willen des Lebens. <3

Ich musste in diesem Text einige Passagen ändern, da ich sie so nicht in dieses Buch schreiben möchte. Ich würde sagen, dass sich die Dinge mittlerweile nicht mehr so anfühlen, wie sie es damals wohl getan haben. Ich hatte zu diesem Zeitpunkt nur ein geringes Maß an Akzeptanz erlangt. Es wird in anderen Kapiteln des Buches wieder zum Thema Akzeptanz kommen.

Ohne Fundament wird ein Haus nicht lange bestehen bleiben.

Erwartungen

Man kann vieles von einem Moment erwarten. Man kann Hoffnungen in ihn setzen und sich auf den Ausgang einer bestimmten Situation genau einstellen. Schlussendlich wird man aber niemals genau wissen können, wie es wirklich ist und wie es sein wird. Die Wege des Lebens sind unergründlich, oftmals kommen wir über einen oder mehrere Umwege ans Ziel Eben genau diese Umwege sind der Prozess, der so wichtig für uns ist.

Nur den Moment erleben, ohne Bewertungen, ohne Hinterfragen. Das ist es, was übrig bleibt.

Besonders die Erwartungen gegenüber anderen Menschen können das eigentliche Bild trügerisch verschwimmen lassen. Man verliert sich darin und vergisst, den Blick auf das Wesentliche zu lenken. Nämlich auf das, was ich genau in diesem Moment wirklich wahrnehme, ohne auf Vorurteile und negative Gedanken zu hören.

Eben genau das ist der Moment, wo Gefühle geteilt und Erfahrungen ausgetauscht werden. Es lohnt sich, innezuhalten und bewusst zuzuhören. Jede Sekunde genießen und Dankbarkeit ausstrahlen. Ich habe mich in das Leben verliebt! Liebst du es auch?

Mind

Es ist verrückt, was der Verstand für Gedanken sprießen lässt, wenn man unachtsam ist. Für den Geist ist es völlig klar, dass es keinerlei Antworten bedarf. Diese Tatsache macht die entstandenen Fragen des Verstandes völlig sinnlos und überflüssig. Ständig fragt er sich, was die Zukunft wohl bringen mag, doch die Wege des Lebens bleiben unergründlich. Es bleibt mir nur, ich selbst zu sein und jeden Moment voll zu genießen. Dann werde ich genau die Zukunft erleben, die ich auf meinen Weg gelegt habe. Wer oder was ein Teil davon sein wird und was nicht, liegt nicht vollständig in meinem Einflussbereich. #Es liegt eine ganz großartige Zeit vor mir . Ich bin bereit, mich zu öffnen und die Möglichkeiten zu erkennen. Meine Verbindung zum Geist ist das größte Geschenk, das ich je erhalten habe. Ich bin so dankbar dafür! Alles scheint zu leuchten. Egal, wohin ich blicke, ich erkenne das Leuchten und Strahlen der Lebensenergie, die uns alle umgibt und durchdringt. Ich strahle selbst und kann nicht aufhören zu lächeln. Ganz viel Liebe!

Frieden

Er ist für mich das Wichtigste. Frieden mit mir selbst und allen Dingen zu schließen, liegt tief in meiner Natur. Es ist der Weg der Liebe. Er führt mich ständig zu phantastischen Orten, die nichts als meine pure Aufmerksamkeit benötigen. Ich fühle die Verbundenheit zum Leben in all seinen Formen und Größen. Die größte Verbundenheit aber fühle ich zu meinem Selbst. Ein mächtiges Band, welches ich jeden Tag pflege und stärke. Ich bin unglaublich dankbar dafür. Es ist ein Raum nur für mich, außerhalb jeglichen Verständnisses. Außerhalb von Raum und Zeit. Hier regiert nur eins, das Gesetz der Liebe.

Zerfall

Die fallenden Blätter im Herbst zeigen, dass Zerfall Leben bedeutet. Diese wunderschöne Laubpracht ziert die Bäume und lässt sie strahlen. Es ist notwendig für die Bäume, die Blätter abzulegen und sie gehen zu lassen. Zerfall ist ein Bestandteil des natürlichen Laufs der Dinge.

Nur so können sich die Bäume weiterentwickeln und zu neuer Größe heranwachsen. Es ist ein notwendiger Prozess, sich von alten Dingen und Gewohnheiten loszulösen, wenn man den Weg des Lebens weiter voranschreiten möchte. Es bleiben 2 Optionen bei der Entscheidungsfindung: Weiterentwicklung oder Wiederholung.

Natur

Mutter Natur gab uns alles, was wir für ein erfülltes Leben je benötigen könnten. Nie waren die Menschen zufrieden mit dem, was sie uns gaben, nie überlegten sie, was sie eigentlich taten und wofür. Der

Verstand bildet diese Gedanken, du bist nicht dein Verstand. Es gibt nur den Moment. Liebe deine Ideen, Funktionen und Gefühle. Gehe völlig darin auf und genieße dich, ungeachtet des gesellschaftlichen Bildes oder anderer Wesen. Tu genau das, was dich erfüllt und glücklich macht. Denke positiv!

Ablenkung zu finden ist so leicht geworden, dass es problemlos möglich wäre, das ganze Leben nicht nachzudenken. Einzig geleitet vom Willen der Gesellschaft, der damit verbundenen Gefühle und der Unsicherheit über die eigene Existenz. Es kann so leicht sein, ein Bewusstsein dafür zu entwickeln, wenn man nur die Augen öffnet und anfängt hinzuhören. Was ist dein Ziel? Wer möchtest du sein?

Gedanken von Youni

Ich wollte mal in meinen Kopf rein hören. An was denke ich? Wie funktioniere ich? Wo kommen bloß diese verrückten Gedanken und Ideen her? Ich versuche, an nichts zu denken. Ich habe das Gefühl, dass mein Kopf unterfordert ist.

Ich kann Creator sein und aussuchen, was ich denke. Zu schwere Fragen. Also aufgeben? Ich gehe mal über die Grenze. Ich glaube, dass ich mittlerweile verstanden habe, dass nichts existiert. Nichts! Keine Gedanken und alle Gedanken. Alles ist ein Widerspruch.

Dieser Text ist von Youni verfasst worden, allerdings zu einem viel früheren Zeitpunkt als die Texte, die von mir geschrieben sind. Ich finde es interessant, die eigenen Gedankenströme aufzuschreiben und später noch einmal zu lesen und dann zu erkennen, woher und warum sie entstanden sein könnten. Vielleicht ist das ja genau die Übung, die du gerade brauchst?

Energie

Es ist Zeit, neue Schritte zu wagen. Offenheit birgt Freude. Mein Geist ist hungrig, zu staubig sind die Wesen, mit denen ich mich umgebe. Ich schaffe es, mir nicht zu viel Energie stehlen zu lassen, doch die Gespräche sind kräftezehrend. Das Leben spendet mir Trost. Es ist der ewige Fluss, der immer weiter zu fließen scheint. Jederzeit ist man bereit, wieder mit aufzuspringen und sich dem Leben hinzugeben. Erfüllung in einfachen Dingen zu finden, voller Freude zu singen und zu tanzen, das ist die Energie des Lebens. Wir alle sind eins und eins sind wir alle, Energie!

Demut

Demut vor dem Leben, vor den Taten, die man verantwortet, ohne auf den Willen der Liebe zu hören. So tief sitzt der Schmerz. Vergebung für mich selbst zu finden, ist der Schlüssel. So kann ich pur sein, so kann ich selbst sein. Die Lust auf das Leben, das Verlangen nach Luft und das Gefühl von Liebe. Sie führen mich auf den Pfad des Glücks. So wie es Dinge gibt, für die die Worte nicht ausreichen, um sie zu beschreiben, so gibt es Erlebnisse und Gefühle, die ebenfalls unbeschreiblich sind.

Die Essenz der Existenz ist die Leere und ihre Vollkommenheit.

Komfortzone

Wachstum erfolgt außerhalb der eigenen Grenzen. Einfach mal Dinge tun, die man sonst niemals tun würde, schon öffnen sich Pfade, die das Leben in seiner vollen Schönheit präsentieren. Ich will erleben und Abenteuer!

Auf in die Natur, in den Wald, ins Unbekannte. Gib jeden Tag die Chance, großartiger zu werden. Denn er wird niemals kommen, nur wir selbst können ihn dazu bringen.

Perspektive

Ich spiele einen Charakter namens Ressi. Ich steuere ihn und befinde mich gleichzeitig in seiner Sicht. Ich bin sozusagen in ihm inkarniert. Ich sehe durch ihn. Ich fühle mich durch ihn. Die Umwelt bietet unendliche Möglichkeiten, alles zu tun, was auch immer ich tun möchte. Ich folge dem Weg des Lebens und gebe mich dem Fluss hin. Es ist eine magische Zeit voller Wunder. Sie warten darauf, erlebt zu werden. Es fühlt sich surreal an, in der Realität.

Dieser Text verlangt nach Klärungsbedarf. Diese Erkenntnis ist schwer mit Worten zu erklären. Sie beruht auf der Göttlichkeit, die in uns allen ruht. Wenn du sie erkennst, bemerkst du, wie groß unsere Schöpferkraft tatsächlich ist. Ich war auf einer langen Radtour unterwegs, als ich diese Erkenntnis erlangte.

Ich weiß noch genau, wie ich gestrahlt habe und gar nicht mehr aufhören wollte. Die vollkommene Akzeptanz des eigenen Körpers dadurch zu erlangen, dass man ihn einfach als Hülle seiner Selbst betrachtet, die man steuern und füttern kann, ist befreiend.

Wir können morgen aufstehen und alles anders machen, als wir es jemals zuvor getan haben. Die Möglichkeiten sind grenzenlos und wir bestimmen stets die Richtung und das Tempo. Vergesst nicht zu atmen und das Leben zu genießen. Ich entscheide, mit was ich mein Wesen umgebe, was es aufnimmt und mit was es sich beschäftigt.

Die Dinge, mit denen du dich umgibst, werden ein Teil von dir werden.

Wege

Ich entscheide jeden Tag, wohin mein Weg führt. Es sind die Gegebenheiten der Zeit, die mich führen und weisen. Tief in mir weiß ich bereits, wohin ich gelange, alles erfolgt nach meinen Wünschen und Vorstellungen. Ich erkenne die Zeichen. Räumt man nur etwas auf, so kann man klarer sehen und das Erlebnis voll ausleben. Erst erfahren und dann teilen. Das ist der Weg der Liebe. Es wäre schade, wenn all das Erfahrene nicht weitergegeben werden könnte. Lasst uns gemeinsam heilen und unsere Liebe miteinander teilen!

Losgelöst

Die Erhebung des Geistes über die wirklichen Dinge. Die Bedeutungslosigkeit von Besitz und Verlangen führt in tiefe Ebenen der puren Erkenntnis. Eine Freude macht sich breit: Wir besitzen die unendliche Freiheit dieses Lebens!

Die Loslösung vom Verstand bringt nicht nur inneren Frieden, sie öffnet Tore in Schichten des Undenkbaren und des Unglaublichen. Das Bewusstsein.

Göttlichkeit

Sie ist bei uns allen. Erhaben von der Dingwelt und seinem Leiden setzt sie sich durch. Fern vom Verstand und seinem Denken. Wir selbst lenken unser Selbst, es wäre allein verloren. Ich und Ich gehen frohen Sinnes durch das Leben. Voller Vorfreude und Glück. Es ist wahrhaftig etwas Göttliches in uns.

Selbst

Die Loslösung des Selbst vom Selbst in seiner Form ist unabdingbar. Es gibt nichts zu wissen, nichts, was erstrebenswert wäre zu wissen. Alle Antworten liegen bereits in uns. Die pure Reinheit der Existenz der Leere in ihrer zeichenlosen und wunschlosen Wirklichkeit bringt mich zum Staunen und zu purer Freude. Alles Leben tritt hervor und wieder zurück, ohne Grund. Es ist wie ein Zustand der Ewigkeit. Der ewige Moment der Wirklichkeit.

Alles ist.

Selbst ich bin ich selbst, obwohl ich nie selbst gewesen bin.

Allein

Für mich war dies immer die größte Angst gewesen, alleine zu sein. Ich habe mich selbst und damit ein riesiges Projekt, das darauf wartet, in neue Wege eingewiesen zu werden. Heute fühle ich mich allein. Zurückgedrängt in menschliches Denken und Gelüste. Die Verbindung zum Geist ist gestört. Die Welt hört auf zu leuchten und ich beginne zu verstehen. Eine Pause bedeutet nicht, dass ich zurückgehe, sondern nur innehalte, mich erhole und danach weiterentwickle. Ich kenne die Quelle und weiß, wie ich mich erholen und aufladen kann. Alles ist ein Prozess und ich bin bereit, mir die Zeit dafür zu nehmen. Es ist wahrlich eine Gabe, über dieses Wissen zu verfügen. Vielen Dank! Der Weg geht über Fühlen. Ich will weinen und loslassen.

Kapitel 3 – Jah, die Liebe in den Herzen aller Wesen

Das 2. Kapitel hat die rasche Entwicklung nach der aus Kapitel 1 beschriebenen Erfahrung gezeigt. Es war ein harter Weg, ganz alleine durch all dies zu gehen und nach und nach zu verstehen. Ich möchte in Kapitel 3 darauf hinweisen, dass die hier geschriebenen Texte eine tiefe Verbindung zu Cannabis darstellen. Natürlich kann man auch ohne Verhältnis und Erfahrung mit Cannabis das hier verfasste nachempfinden.

Es öffnet Bewusstseinsebenen und hat einen ganz besonderen Einfluss auf das Selbst. Das Herz öffnet sich und macht den Weg frei für die Liebe. Es ist so, als ob die Pflanze durch mich hindurchfließt und mir zeigt, was Liebe bedeutet. So steht Mary also für die Pflanze, genau genommen für den Geist der Pflanze.

Die Liebe, die in jedem einzelnen Menschen ist. Jah verkörpert die Menschlichkeit und zeigt uns, dass wir alle verbunden sind. Wir sind alle Brüder und Schwestern dieses Lebens.

Egal was man konsumiert, macht man es mit einer Intention der Liebe und zum Wohle des Selbst, so wird es großartig sein. Der Grund ist ausschlaggebend für das Verhältnis mit der Pflanze. Mit Positivität, Liebe und Gutem im Herzen spielt sich das Leben fast von alleine. Führt man sich vor dem Konsum zu Gemüte, warum und vor allem wofür man die Pflanze in sich aufnimmt, so entsteht eine gesunde Beziehung voller Liebe und Verbundenheit.

Liebe

Viel Liebe wird benötigt, um sich selbst zu vertrauen und zu verzeihen. Ich spüre sie in meiner Brust und fühle, wie sie mich durchdringt. Frei von Vorurteilen und Denkmustern setzt sie sich durch und füllt uns aus. Ich möchte kein Leid verantworten. Ich fühle, wie es mich leer saugt und mich meiner Energie beraubt. Die menschliche Ablenkung kann erholsam sein und kurze Freude bringen. Allerdings ist sie eine Illusion, sie ist nicht real, all diese Glücksgefühle sind nicht wahrhaftig. Menschen, die ihr gesamtes Leben auf diese Illusionen aufgebaut haben, können schwer verwirrt werden.

Die Liebe des Lebens ist endlos und barmherzig. Vertrauen und Verzeihen bilden das Fundament. Ich vertraue mir selbst und dem Fluss des Lebens. Es gibt keine Antworten, nur Liebe.

Ich habe alles, was ich brauche. Ich bin genau dort, wo ich sein soll. Alles ist so schön um mich herum. Alles ist Leichenlos, leer und wunschlos, genau wie ich. Es gibt kein Selbst und kein Ich. Liebe.

Leider ist diese Erkenntnis in der deutschen Sprache fast unmöglich festzuhalten. Die Verwendung von „Ich" und „mein" ist unabdingbar bei der Bildung von logisch strukturierten Sätzen. Ich möchte dennoch darauf hinweisen, dass ich und mein nichts mit einem Selbst zu tun haben. Es bleibt unpersönlich.

Mary

Der Zusammenhalt von Menschen durch Liebe, Vernunft und Frieden ist spürbar stark. Mary bindet den Verstand und spricht durch uns hindurch. Das Existieren im geistlichen Zustand ist vielschichtig und wunderbar. Ich ziehe so vieles an. Ich fühle mich wie ein Magnet für Positivität und Liebe. Erfahrungen und das pure Sein im Fluss des Lebens zu erleben, zeichnet mein Leben aus. Der Austausch mit anderen Wesen ist eine unfassbar schöne Bereicherung. Ich wähle meine Worte mit Bedacht und helfe den anderen Menschenwesen im angemessenen Tempo. Alles ist eine Reise, sie hat gerade erst begonnen. Danke,Mary.

Raus!

Ich habe die Komfortzone viel zu lange, viel zu sehr ausgefüllt. Es ist an der Zeit, geistliche Arbeit zu leisten und in tiefen Kontakt mit anderen Wesen zu gehen. Neue Wege zeigen heißt, selbst zu lernen. Ich will etwas zurückgeben. Schöne Erfahrungen teilen und die Menschen nach ihrem Glück fragen. Gemeinsam wachsen und lernen.

Geistlichkeit

Sich mit anderen Wesen über das Fühlen zu unterhalten, ist wahrlich etwas Wundersames. Gemeinsam den Moment erleben. Nutzt die Gelegenheit und wandelt gemeinsam auf dem Pfad. Der Weg liegt ganz klar vor mir, ich muss ihn nur beschreiten.

Wenn ich gänzlich losgelöst von meinem körperlichen Selbst handle und spreche, erscheint mir alles so viel einfacher und logischer. Ich bin eben einfach ich und genau das darf ich sein. Wenn ich mich offen zeige und meine wahre Natur offenbare, eröffne ich einen sicheren Raum, in dem sich andere Wesen ebenfalls wohl genug fühlen, sich zu öffnen und ihre verletzlichen Seiten zu offenbaren. Es ist etwas ganz Wunderbares, offen zu kommunizieren und gemeinsam das Leben zu ergründen, in all seiner Vielschichtigkeit.

Die ganze Welt ist ein Spielplatz, Ideen und Entscheidungen sind unsere Instrumente. Ich handle stets bewusst und im Sinne des Friedens und der Liebe. Es liegt in meiner Natur.

Schönheit

Alles ist im Einklang, nichts verlangt nach Bewertungen oder hat Fragen. Ganz ohne Antworten. Ausgeglichenheit und der Fluss des Lebens bestimmen die Schönheit der Dingwelt. Man kann sie überall sehen und fühlen. So wunderschön strahlt und leuchtet diese Erde. Richtet den Blick gen Himmel und atmet, dann werdet ihr es erkennen.

Herz

Das Bewusstsein, für seine eigenen Taten Verantwortung zu übernehmen und sich der Konsequenzen seiner Taten bewusst zu sein, ist wichtig. Jede Entscheidung öffnet neue Pfade und Möglichkeiten. Lasst uns immer den Pfad der Liebe und Glückseligkeit wählen, zum Wohle aller Beteiligten und meiner Selbst.

Lüge dich nicht selbst an und sei ganz rein und pur. Sei einfach du Selbst und du wirst die Kraft der Liebe erfahren.

Die Anforderungen für die Verbindung des geistlichen Lebens in der menschlichen Gesellschaft können überfordernd wirken. Sie sind etwas Neues außerhalb der sonst so warmen und gemütlichen Komfortzone. Die Menschen fühlen und werden verstehen, was nicht zu verstehen ist. Der positive Einfluss unserer Taten ist stetig zu beobachten und großartig! Dieses Leben ist ein Segen!

Seele

Die Verbindung zwischen den Welten und die Inkarnation in diesem Körper sind absurd und verrückt. Der Verstand findet hier keinen Anhaltspunkt mehr, um sein nicht vorhandenes Verständnis auszudrücken. Dennoch fühle ich es ganz klar. Der Frieden, den wir finden, wenn wir Frieden mit unserem Selbst geschlossen haben, ist weltumschließend.

Verzeihen ist Balsam und gesund für den Geist. Was ich sehe, ist nichts mehr von dem, was ich früher einst sah. Das erste Mal kommt mein Inneres zum Vorschein und zeigt, was so lange verborgen geblieben ist.

Es ist eine ganz besondere Zeit und ich weiß, dass der Weg noch so vieles zu bieten hat. Wild und frei das Leben leben und den Moment genießen. Wundersame Begegnungen erreichen mich jeden Tag und ich liebe es, endlich die Wege zu sehen. Ich habe endlich die Kraft gefunden, sie auch beschreiten zu können, voller Mut und Tatendrang, aus vollem Herzen. Perfektion des ewigen Momentes in seiner hässlichen Vergänglichkeit. Alles ist. Liebe das Leben!

Alles

Alles wird genau dann geschehen, wenn es geschehen wird. Die Loslösung von Ereignissen, deren zeitlichen Eintritt wir nicht vorherbestimmen können, ist befreiend. Hätte es anders kommen sollen, wäre es anders geschehen. Ich blicke nach vorne und nutze die Gelegenheiten, die mir der Moment eröffnet. Voller Achtsamkeit gehe ich durch das Leben.

Ich teile alles, was ich zu teilen vermag, mit den Wesen, die es benötigen. Du entscheidest, was du lernen und erleben möchtest. Entwickle oder wiederhole. In der Stille findet man alles, was die Leere zu zeigen hat.

Die alten Gewohnheiten über Bord zu werfen, führt zu wahrer Klarheit. Die Komfortzone verlassen und endlich anfangen, das zu tun, was ich wirklich möchte. Nicht weil es jemand anderes mir so gesagt hat, sondern weil es mein Herz war, das zu mir gesprochen hat. taten aus purer Liebe und Zuneigung für mein Selbst. Die Welt spüren und erleben, den Geist mit Mutter Natur verbinden, aus ihr schöpfen und das Geschöpfte weitergeben. Alles.

Alleine

Allein, ganz allein, doch niemals einsam. Ganz still und losgelöst von allen Dingen und Wesen. Ich entscheide allein, wohin mein Weg führt und wie ich ihn gehen werde. Alleine mit meinem Wesen führe ich ihn fort. Ich bin mir bewusst, dass alles, was auf diesem Weg liegt, alleine meine Entscheidung war.

Die Erfahrungen, die ich auf meinem Weg gesammelt habe, zu teilen, kann bereichern, aber auch verwirren. Eine enge Bindung ohne Eifersucht aufzubauen, kann sehr schwer sein. Umso lohnender ist die Beziehung, die daraus resultieren wird. Die Wege anderer Wesen sind völlig unvergleichlich, genau wie meiner. Sie haben nichts miteinander zu tun. Sie stehen in keiner bewertbaren Verbindung zueinander.

Das Einzige, das zu ergänzen bleibt, ist, dass einander helfen und sich austauschen den eigenen Weg bereichern wird. Wenn man diese Werte voller Liebe einsetzt und keine Vergleiche vornimmt. Es ist ein schwerer Weg, ganz allein. Ich habe ihn für mein Selbst gewählt. Viele Tränen sind geflossen und es werden noch mehr werden.

Es sind Tränen der Kraft und der Ausdauer. Noch nie habe ich mich so allein gefühlt. Alles drückt und wiegt schwer auf mir. Dies ist jenseits von menschlichem Verständnis, jenseits von Erklärungen und vom Verstand. Ich weiß nicht, was passieren wird. Aber ich vertraue dem Fluss des Lebens und werde mich treiben lassen.

Sex

So viele Jahre habe ich mich selbst und andere Wesen sexuell ausgenutzt. Ohne über die Konsequenzen dieser sinnlosen Verschwendung sexueller Energie nachzudenken. Nun stehe ich hier, alleine, und weiß überhaupt gar nichts mehr darüber. Es ist, als hätte ich sie verloren oder abgelegt.

Animalisches Denken und Manipulation. Es fällt mir schwer, dies ganz allein aufzuarbeiten. Nie war es anders für meinen Kopf, nie wusste ich von einer anderen Möglichkeit. Jetzt, wo Äußerlichkeiten nichtig sind und ich einzig die geistliche Schöpferkraft betrachte, bleibt nichts mehr, wo ich anfangen könnte.

Ich weiß, dass sie in mir steckt und lebt! Ich werde es schaffen, zu verstehen, wie ich Zugang zu ihr erhalte, und sie nutzen. Es steckt so viel Liebe in mir, ich weiß es und ich habe es bereits gefühlt. Wenn ich noch nie Zugang zu diesen Energien hatte, ist das Potential gegeben, sie zu entfalten. Ich gehe den Weg frei von sexuellem Ausnutzen und reiner Lust hin zur Liebe und zur geistigen Verbindung. Hin zum Tantra.

Nach dieser Realisation habe ich es geschafft, zum Tantra zu finden und es zu verstehen. Besonders für alle männlichen Leser könnte dies ein großer Schock sein.

Dieser Weg beinhaltet das Ablegen aller gesellschaftlichen sexuellen Standards.

Kein verzerrtes Bild der Sexualität durch pornografische Inhalte, kein animalisches Verhältnis zur gekränkten Männlichkeit gehört zu deinem Selbst.

Das Wichtigste jedoch ist, das Ziel des „Orgasmus" setzt aus. Einzig die Verbindung vom Geist und Selbst steht hier im Vordergrund. Ein Orgasmus ist nicht mehr das Ziel des Aktes. Es ist die göttliche Verbindung zur Dualität des Lebens.

Sie ist allgegenwärtig und tritt überall hervor. Sonne und Mond, Tag und Nacht, Männlichkeit und Weiblichkeit. Jeder Mensch vereint beide Seiten der Dualität in sich. Sie stellt eine Verbindung her.

Ich empfehle es jedem, es einfach selbst auszuprobieren. Es gibt dafür keine Anleitung oder Ähnliches, jeder braucht seinen ganz eigenen natürlichen Weg. Totale Achtsamkeit und Ruhe bringen Erfolg. Es ist ein Prozess. Verstehst du einmal, was dahintersteckt, wird deine Verbindung zur Sexualität nie wieder dieselbe sein.

Freiheit

Die Befreiung des Geistes aus den Fesseln, die wir ihm selbst angelegt haben, ist wahre Freiheit. Es ist so leicht. Alles beenden und Neues anfangen. Der Weg wird immer schwerer und anstrengender, doch wo liegen meine Grenzen? Allein der Verstand zeigt mir die Grenzen auf. Der Körper, vereint mit dem Geist, bildet ein Team, das jeden Weg meistern kann. Der Fluss des Lebens und meine Entscheidungen haben mich frei werden lassen. Danke!

Kapitel 4 – Die Göttlichkeit in uns

Das Wissen um das Verständnis von einem Selbst breitet sich immer weiter aus. Tauche in tiefe Bewusstseinsebenen ein, die du noch nie zuvor erfahren hast. Es sind Orte voller Wunder und Zauber, jenseits unseres Verständnisses von der Dingwelt.

Es ist von äußerster Wichtigkeit, die Texte völlig leer aufzunehmen und anzunehmen. Nimm dir die Zeit und genieße das, was der Text in dir auslöst, selbst wenn es Wut, Frust oder Ähnliches ist. Nimm es an und lass es weiterziehen. Es ist kein Teil von dir und du weißt, was dahintersteckt. Was auch immer das Gelesene verursacht, genieße es und lass dich treiben.

Sieh dich selbst als göttliches Wesen, als den Schöpfer deines Selbst.

Nicht-Selbst

Die Frage nach der Existenz eines Selbst oder Nicht-Selbst ist insofern belanglos, als die Antwort kein wahres Problem löst oder Lücken schließen kann. Einander zu helfen und gemeinsam zu wirken ist der Weg der Liebe.

Ich beziehe nichts auf ein Selbst, nur unpersönliche Ereignisse sind real und tatsächlich verarbeitbar. Fragen gibt es endlose, doch Antworten bleiben aus.

Kein Ich, kein Selbst, kein Raum, keine Zeit. Erlösung im Weg der Freiheit.

Ich werde in nachfolgenden Texten weiterhin von einem Selbst sprechen. Es ist eben nur essentiell, dieses Selbst, von dem die Rede ist, nicht mit der eigenen existentiellen Grundlage zu verwechseln. Wir sind der ewige Gott in menschlicher Form. Wir formen unser Selbst, wir geben ihm einen Sinn und eine Bestimmung. Deshalb ist der Begriff des „Selbst" eben irreführend und unpassend für das, was das Wort beschreibt.

Glück

Glück kann nur bedingungslos existieren, genau wie die Liebe. Sobald es von anderen Dingen oder Wesen abhängig gemacht wird, ist es nicht real und zerfällt. Das Glück liegt auf meinem Weg. Ich kann es erfahren und tragen, aufnehmen und genießen. Nur ich kann es für mein Selbst bestimmen. Wenn ich leidenschaftliches Glück verspüre, werden auch andere Wesen davon profitieren. Viel mehr, als wenn ich mich nach ihnen beuge und verbiege. Das ist mein Weg. Danke!

Verantwortung

Ich trage die Verantwortung für mein Selbst und wähle die Wege, die heilen. Innerer Frieden und Glück sind mein Weg. Alle getroffenen Entscheidungen lassen mich heute hier stehen. Der Moment im Hier und Jetzt. Es liegt an mir, Aufarbeitungen zu treffen und nach und nach weiter heranzuwachsen. Der Fluss fließt unaufhaltsam weiter und weiter. Ich entscheide, ob ich die Zeit des Fließens genieße und nutze.

Ich möchte jeden Moment genießen können und mich nicht vom Verstand verwirren lassen. Es ist alles genau so, wie es sein soll. Ich liebe mich und mein Wesen, ich werde fließen und genießen.

Abhängigkeit

Wenn ich Zeit mit jemandem verbringe, möchte ich das tun, was mir gut tut und mir hilft. Heilung für alle. Wenn ich mein Wollen nach anderen richte, gerate ich in eine Abhängigkeit. Ich kopiere und hinterfrage nicht mehr. Ich komme immer mehr von meinem Weg ab. Wenn ich alleine bin, entsteht eine Leere und Ratlosigkeit durch die Abwesenheit dessen, das ich nicht mehr loslassen kann. Nur wenn ich alleine Entscheidungen treffe und den Weg für mein Wesen wähle, kann ich mich tatsächlich weiterentwickeln. Ich kann meinen Geliebten real helfen und sie inspirieren. Ich muss mich vollständig loslösen und fallen lassen, was da einst war.

Es war nie real, es war nie eine Option oder Lösung. Ich bin hier und werde weitergehen und lernen, Eifersucht abzulegen. Ich kann alles lernen und mich daraus weiterentwickeln. Solange es unpersönlich bleibt, kann ich daraus nur Gewinn erzielen. Ich bleibe Ich und ich liebe mich.

Achtsamkeit

Beobachte ich meine Gedanken in voller Achtsamkeit, dann kann ich bereits frühzeitig erkennen, wie ich meinen Fokus setzen sollte. Es gibt stets Dinge zum Aufarbeiten und meine Aufgabe ist es, dafür zu sorgen, dass ich nicht in dieselben Muster zurückfalle.

Es liegt an mir, das Fundament dafür zu bauen, auf dem ich völlig losgelöst und alleine Halt finde.

Wir sind alle erleuchtete Wesen und gehen alle unseren eigenen Weg, alleine. Genau so, wie du es willst und wie schnell du es willst. Ich gehe achtsam durch den Raum und erkenne den Weg. Ich beschreite ihn.

Es fällt mir immer noch schwer, alleine zu existieren. Ich weiß, wie ich mich finde und woran ich arbeite. Ich gehe achtsam durch das Leben und erkenne, wo Bedarf erscheint. Immer weiter dieses Projekt zu führen und zu entwickeln, schafft Leidenschaft. Still und achtsam, voller Freude! Danke.

Frieden

Krieg kann kein Problem lösen. Es ist eine Ausflucht in Hass und Zorn, um sich vor der Selbstreflexion zu verstecken. Frieden kommt durch Verzeihen, in erster Linie durch Selbstverzeihung. Vergebung, Verzeihung, Mut und Demut, all dies liegt auf dem Weg des Friedens. Einander lieben und achten bildet das Fundament für Einheit und Verbundenheit.

Es gibt so viel zu tun für jeden Einzelnen. Frieden für alle! Zu jeder Zeit!

Liebe

Wenn ich all die gebündelte Liebe, die in mir steckt, nach außen projiziere, werde ich strahlen und alle Wesen zum Strahlen bringen. Ich will Gott fühlen und spüren, alleine.

Ressi ist ganz wunderbar und einzigartig. Ich will ihn nicht verlieren. Es steckt noch so viel in ihm, ich schaffe es nicht, dranzukommen. Die Bürde erstickt ihn.

Ich sollte wirklich aufhören, alles als ernsten Prozess zu betrachten, und einfach lachen und Spaß haben. Diese Reise ist so schwer geworden, damit habe ich nicht gerechnet. Das Denken zerstört alles, die Gedanken sind so absurd und sinnlos. Ich muss Platz schaffen und die Liebe wird sich entfalten und manifestieren. Ich gehe den Weg, die Reise hat erst begonnen.

Wir sind alle miteinander verbunden, an nichts und niemanden gebunden und einfach völlig frei. Lasst uns frei, froh und glücklich sein. Endlich anfangen zu leben! Ich liebe mich so sehr, all meine Liebe fließt in mich und manifestiert sich in purer Freude und einem Lächeln. Ich will Freude mit allen Wesen teilen und vermehren.

Intuition

Ich vertraue mir und lasse mich von meiner Intuition leiten. Ich tue das, was ich möchte und was mich glücklich macht. Ganz leicht und mühelos. Ein Lächeln begleitet mich auf dem Weg meines Selbst.

Ich bin so froh, endlich erkannt zu haben, wie frei wir alle sind. Wie schön das Leben sein kann, wenn der Verstand durch die Intuition gebändigt wurde. Alles ist Energie und wir sind göttliche Wesen im Einklang mit der Energie des Lebens. Engel, gesendet, um den Wesen zu helfen. Die Antwort auf alle Fragen liegt in uns, wir sind der ewige Gott in einem menschlichen Wesen. Heilung und Liebe für alle!

Nimm das Leben und seine Prozesse nicht so ernst. Verstehe, was die Verbundenheit bedeutet und wie sehr du dich lieben kannst. Lasst uns gemeinsam für die Freiheit beten und erkennen, dass unsere Energie uns bestimmt.

Ich möchte eine Erklärung für die Bedeutung der Wörter „Gott" und „Engel" abgeben. Es ist hier keinesfalls die Rede von Jesus, Buddha oder Allah. Das Wort Gott soll hier einfach die Schöpferkraft der Energie des Universums darstellen. Da für viele Menschen eben genau das „Gott" ist, finde ich es eine passende Begrifflichkeit.

Die Engel sind Heilwesen, die entscheiden, Wissen zu teilen und Wesen in Richtung der Heilung zu führen. Sie lösen etwas aus, das die Selbstheilung aktiviert. Sie geben also nicht nur Heilung, sondern vielmehr die Heilungsfähigkeit an die Wesen weiter. Sie steckt bereits in uns, in jedem von uns.

Wir

Das „Wir" bindet die Verständigung. Der Verstand wird zum Verständnis gebracht und alles gelangt auf eine Ebene. Das „Wir" kann Energie zu allen leiten. „Wir" ist Liebe.

Kosmische Schöpferkraft

Wenn es vom Herzen kommt, lässt sich alles bewerkstelligen. Freie Liebe lässt das Leben erblühen und Großartiges entstehen. Alles ist verbunden. Wenn wir nur genau hinsehen und den Verstand zum Schweigen bringen, werden wir es fühlen können. Unsere Schöpferkraft!

Durch Liebe handeln und für sein Selbst da sein. Wir sind alle ein Teil von allem.

Das Große kann ohne das Kleine nicht existieren und das Kleine nicht ohne das Große. Das Kleine steckt im Großen und andersherum.

Alles ist Energie. Wir können sie mit Herzensprojekten nutzen und Liebe verbreiten. Frei, voller Freude und Glück. Lasst uns alle gemeinsam tanzen, singen, toben und lachen. Ich sehe die Wunder dieser Energie. Ich spüre die Verbindung zu Gott und fühle sie in mir. Der ewige Fluss des Lebens. Ich fühle die Liebe in mir und mit ihr den Drang, rauszugehen und sie zu entfalten.

Es ist an der Zeit, Ressi zu lieben und zu leben!

In mir

In mir ist alles. Ich finde Glück allein, wenn ich meine Aufmerksamkeit nach innen richte. Ich fühle die unendliche Liebe und Gott. Ich schaue hinauf und sehe den Mond. Er strahlt mich an und spendet mir Licht auf meinem Weg durch die Dunkelheit. Ich schenke ihm ein Lächeln, voller Dankbarkeit und Freude.

Die Welt strahlt, ich leuchte von innen heraus. Ich will dieses Glück mit allen Wesen teilen und gemeinsam leuchten. In uns allen steckt die Energie, alles sein zu können, was wir uns je erträumt haben. Pure Liebe in grenzenloser Freiheit. Erblüht!

Reise

Die Reise des Lebens eines Wesens zeichnet einen Weg voller Entscheidungen aus, die nur darauf warten, endlich getroffen zu werden.

Ich gehe in mich und fühle, wohin mein Weg führt. Ich treffe Entscheidungen aus freier Liebe heraus. Ich trage alles in mir und nichts bei mir.

Wunderschöne freie Wesen voller Glück, Freude und Liebe. Durch die Abwesenheit von Verurteilung kann ich den Moment leben und loslassen. Verzeihen und helfen, vor allem meinem Selbst.

Raum

Nichts haftet an ihm, keine Eigenschaft wird ihm zugeschrieben. Er existiert und doch können wir ihn nicht mit Worten beschreiben. Das braucht es auch nicht.

Sie würden durch den Äther gleiten und ihn einfach passieren, ohne jeden Berührungspunkt.

Die Leere und die Abwesenheit der Dingwelt liegen im Raum. Dort, wo die Form verloren geht, Gefühle nichtig sind, die Wahrnehmung nur noch einer Linie folgt, alle Impulse in die Leere münden und das Bewusstsein sich entfalten kann.

Alles Leiden wurde vollständig abgelegt, hier ist Raum für „Nirvana".

Gott führt uns auf diesem Pfad zu unserer Bestimmung. Verteile die frohe Botschaft und strahle! Sieh den Raum und nutze ihn für dein Selbst. Mach dir die Gegebenheiten des Lebens nicht zum Feind, sondern zum Freund. Was auch immer du heute tun möchtest, tu es! Liebe den Moment und der Moment wird dich lieben. Gib dich dem Leben hin und akzeptiere dich als das, was du bist.

Dort, wo die Vögel fliegen, da ist Raum.

Pfad

So viele Schritte wurden gegangen, so viele Entscheidungen getroffen. Voller Stolz stehe ich heute im Hier und Jetzt. Ich will Geschichten erleben und immer weiter wachsen. Zerbrechen, aufbauen und wiedergeboren werden. Jeder weitere Schritt ist ein Schritt weg von der menschlichen Wirklichkeit und hin zum Göttlichen. Ich trage die Verantwortung für mein Selbst und bestimme die Geschwindigkeit des Aufstiegs.

Atmen, beobachten und in der Stille ruhen. Dies sind wichtige Aspekte, um nicht in Überforderung zu geraten.

Ich liebe das Leben und dass es alles mit mir teilt, genau wie ich alles teilen möchte. Ich will alles an das Leben zurückgeben und erblühen. So war es ja doch nur geliehen.

Ewiges Glück macht sich in mir breit, wenn ich an mich denke. Es gibt so viel Platz zum Erleben und Ausprobieren. Ich werde ihn nutzen und ausfüllen. Ich stehe den Entscheidungen mutig gegenüber und weiß, dass, wenn ich stets das tue, was ich liebe, es das Richtige sein wird. Ich lasse mich nicht durch Furcht, Wut oder Hass beeinflussen, sie sind kein Teil von mir.

Ich werde das tun, was getan werden muss. Aus purer Liebe. Danke!

Ein Zettel

Glückseligkeit, gesonnenes Dasein, Einsamkeit. Niemals einsam, alleine. Grünes Gras lässt meine Augen leuchten. Wunder des Lebens durchstreifen es.

Ist der Blick erst einmal fernab, sehe ich ganz voll und klar. Mary übernimmt voll und ganz. Die Vögel fliegen im Raum, über den Baumkronen, grenzenloses Blau.

Ich bin im Jetzt und Hier, genau dort, wo ich sein soll. Losgelassen und frei bin ich, ich. Es fällt mir schwer, nicht zu lächeln, wenn ich die Verbundenheit sehe. Schreib es nieder, wenn es dich berührt, sei du selbst und erfahre. Freie Liebe für alle, Frieden und Vergebung für mein Selbst. In Liebe

~ ein Zettel

Dieser Text ist auf einem Zettel entstanden, den ich gefunden habe. Obwohl es mir eher so scheint, als ob er mich gefunden hat. Nutze die Gelegenheiten, die das Leben offenbart, und gehe vollkommen darin auf. Das ist Glück! Das ist Leben!

Selbst

Was ist das? Das Selbst, das Nicht-Selbst – die Frage der Existenz des Selbst wird hinfällig, wenn man seinen Blick nach innen richtet. Meine Reise steht unter einem ganz anderen Gesichtspunkt als die Erörterung eines Selbst. Ich und Ich gehen gemeinsam, egal was kommen mag.

Es mag vorkommen, dass der Verstand sich erneut einmischen will und seltsame Gedanken entstehen lässt. Das wird er immer wieder tun. Es liegt in seiner Natur.

Unter dem Himmel der Göttlichkeit liegt der Raum. Er bietet uns allen Platz, den wir benötigen, um uns frei zu entfalten. Nutze die Zeit und wähle den Weg weise. Gehe in Liebe und mit Gott und du wirst sein.

Kapitel 5 – Akzeptanz

Die Akzeptanz des hier Verstandenen lässt uns tief in unser Selbst blicken. Die Akzeptanz kann Klarheit herstellen.

Doch fühlt es sich so wunderbar und selig an, einfach hier zu sein, das Selbst zu akzeptieren und auszuleben. Es ist ein Wunder ! Lasst uns gemeinsam weiterwachsen und tiefer blicken, als wir je wollten. In vollem Vertrauen dem gegenüber, was noch kommen wird. Keine Angst und keine Furcht hält mich davon ab, endlich das zu sehen, was wahrhaftig ist.

Kapitel

Die Reise des menschlichen Wesens beinhaltet viele Kapitel. Vom Aufstieg zum Fall und umgekehrt. Das Gefühl, das aufkommt, wenn man am Ende eines Kapitels angelangt ist, kann unangenehm sein. Hüte dich vor Hass! Es ist der natürliche Lauf der Unbeständigkeit, dass alles zerfallen wird. Nichts wird bleiben. Wir müssen die Angst besiegen und die Angst vor den Ängsten.Es gibt keinen richtigen Moment, um etwas zu verändern. Wir selbst machen ihn zum richtigen Moment. Wir tragen die Anleitung in uns und kennen sie auswendig. Wir haben es nur vergessen.

Peace

Mein Frieden liegt in mir, es ist eine Entscheidung. Wenn ich den Einklang der Dinge anerkenne und keine Bewertung treffe, finde ich ihn wieder.

Das menschliche Leben in der Gesellschaft bietet unendliche Ablenkungen und Versuchungen, die mich weiter vom Ziel wegtragen. Es ist mein oberstes Gebot, Selbstheilung auszuführen und mein Selbst vor Leid zu schützen.

Voller Dankbarkeit genieße ich den Frieden in mir und vertraue darauf, dass ich stets den Frieden bewahre und ihn nie ganz verliere. In Liebe zu mir. Es ist kein leichter Weg, aber ich liebe ihn.

Stille Leere

Blicken wir tief in uns, erkennen wir die Leere aller Fragen. Es gibt nichts zu verstehen. Energie wird nie aufhören zu fließen, wir sind alle verbunden.

Es gibt nichts, über das es sich zu klagen lohnen würde. Lasst uns gemeinsam das Leiden einschränken und schließlich enden lassen. Gemeinsam schaffen wir es, uns aus den Fesseln des Gedankenkarussells zu befreien und hinaufzusehen. In den Raum um uns herum und in uns selbst. Alles ist eins, alles ist der Einklang, alles ist Sein.

Die materielle Wirklichkeit scheint so real zu sein, doch ist sie eine Täuschung. Nichts davon ist Teil meines Selbst. Besitz ist eine Illusion.

Erfreuen wir uns an dem, was wir haben, und seien wir dankbar dafür. Wir tragen das Lächeln des Lebens in uns, lasst es uns alle gemeinsam hervorholen und der ganzen Welt zeigen. Voller Stolz und Glück!

Ich bin leer, still und vollkommen. Ich öffne meine Arme und gebe mich dem Leben hin, lasse mich treiben. Voller Liebe vertraue ich dem Weg und meinen Entscheidungen. Ich kreiere den Rahmen meines Lebens, ich wähle die Liebe.

Leichtigkeit

Das Leben ist leicht und schwebt. Ich schwebe mit ihm und vergebe mir. Die Leichtigkeit trägt mich davon und die Leere verschluckt alles Wirkliche. Ist die Illusion erst einmal aufgedeckt, erscheint der Einklang allen Seins direkt vor mir. Das Dasein im Raum ist genial und voller Natürlichkeit.

Ich atme die Luft, die die zarten Blätter der Bäume schweben lässt. Ich schwebe mit ihnen vor lauter Leichtigkeit. In einem vergessenen Zustand der Vollkommenheit. Liebe den Moment, am Ende steht die Zerstörung an.

Die Vergänglichkeit und die Unbeständigkeit strahlen eine Leichtigkeit aus. Sie lassen mich über allem schweben. Ich vergesse den Ernst, der einst über mich regierte, und erkenne die wahre Natur der Dinge an. Danke, dass ich es erleben und lieben darf.

Wundersames Leben

Überall sind Wunder zu sehen und zu erleben. Ich muss nur den Schritt wagen, in ihre Nähe zu gelangen. Wachsen werden wir nur im Regen. Auch wenn die Zeit der Sorglosigkeit als angenehm erscheint, versperrt sie einem den Weg in die Freiheit.

Diese Illusion gilt es zu umgehen und als solche anzuerkennen.

Ich will die Wunder entdecken und dem Weg der Liebe weiter folgen. Ich fühle die Verbundenheit und die Einheit der Energien. Alles ist eins, alles ist Sein.

Danke, dass ich erleben, fühlen und lieben kann. Ich sehe ganz klar die Leere.

Ich und mein

Da ist ja gar kein Ich und auch nichts, das ihm je gehört haben könnte. Die Offenbarung der Freiheit des Geistes und die Loslösung vom Verstand ergeben sich aus dem Dasein des Selbst und des Nicht-Selbst Das Leiden der Wesen zu betrachten, kann ermüdend sein. So sehen die Lösungen doch so einfach aus, doch tun sie es eben nur aus meiner Sichtweise heraus. Ich helfe keinem Fisch dabei, Luft zu holen, indem ich ihn aus dem Wasser nehme. Weil ich denke, dass es das Beste für ihn ist, heißt das noch lange nicht, dass es wirklich das Beste für ihn ist.

Es ist ein schleichender Prozess, der immer mehr und mehr Früchte tragen wird. Ganz frei spielt das Leben das Spiel weiter. Treibe und lass dich gehen, sei einfach ein Teil davon, in keiner Abhängigkeit und ganz ohne Bewertung. Löse deinen Verstand und erlöse dein Selbst. Tu es nicht für jemand anderen, tu es für dich, tu es für dein Selbst. Das ist der Weg, um dir und anderen Wesen wahrhaftig helfen zu können.

Löse dich vom Leid und sieh zu, wie sich deine Gedanken mit Freude, Liebe und Glück füllen. Sieh, wie schön diese Welt ist und wie wunderbar das Leben ist. Life is strange. Lebe den Tag!

Kompass

Ich leite mich durch das Chaos der menschlichen Welt. Zahllose Erlebnisse sorgen für ständige Reibung innerhalb des Verstandes. Die Quelle ist in mir, ich kenne sie und weiß, dass alles immer gut sein wird. Mach dir keine Gedanken, sei glücklich! Der Wandel des Verlangens führt mich zu einem Ruf aus weiter Ferne. Ich weiß nicht mehr, auf welchem Pfad ich einst wandelte. Mir erschließt sich nicht, wohin das alles enden soll. Ganz alleine folge ich meinen Ideen und wandle sie um. Die Verantwortung, die ich auf diesem Pfad trage, ist ein ewiger Begleiter. Achtsamkeit ist mein Begleiter.

In der Stille liegen die Antworten und Lösungen. Es ist an der Zeit, meinem Kompass zu vertrauen und ihn schaffen zu lassen. Die Liebe des Universums ist in mir. Ich habe mich, und das ist so viel mehr als genug. Kälte.

Wandernde Wesen im Raum

Vollkommene Stille, tiefer Raum, unendliche Möglichkeiten. Geschaffene Werte aus einer Illusion der Gedanken. Alle folgen, keiner fragt.

Geheimnisse, die jeder in sich trägt. Vergessen, verloren und schließlich gefunden. Menschen, ein Zusammenschluss der Verbundenheit. Das Licht verbindet es. Aus der Wahrheit geschlussfolgert erstreckt sie sich durch den Raum, über das Leben. Atme tief ein und fühle die Lebendigkeit. Das Sein, deine Natur, deine Rolle, die du spielst im Spiel des Seins.

Seien wir dankbar dafür, wandernde Wesen im Raum zu sein. Gemeinsam erfahren, gemeinsam erleben.

Die Interpretation dieses Textes kann auf eine ganz eigene Art geführt werden. Genau das sollte auch geschehen, der Text ist genauso, wie du ihn wahrnimmst. Was fühlst du ? Was denkst du? Wer denkt das überhaupt?

Der Kreis des Lichts

Auf Licht folgt Dunkelheit, die beiden bilden einen Kreis. Deshalb, weil es das Verständnis der eigenständigen Abhängigkeit zugrunde legt.

Wenn es kein Licht gäbe, gäbe es auch keine Dunkelheit. da „Dunkelheit" der einzig bestehende Zustand wäre.

Die Bedeutung des Wortes „Dunkelheit" beschreibt aber die Abwesenheit von Licht So gäbe es also ohne Licht keine Bedeutung mehr für die Dunkelheit, sie zerfällt.

Dieses Paradox zeigt die Bedeutungslosigkeit der Versuche menschlicher Worte, das Bewusstsein zu beschreiben. Was im Kreis des Lichts nicht geregelt ist, ist die Dauer der beiden Zustände. Klar ist: Auf Licht muss Dunkelheit folgen. Doch wann und für wie lange ist unbedeutend. So kann auf 1000 Jahre Licht 1000 Jahre Dunkelheit folgen. Die Veränderung ist gewiss. Was die Veränderung am Ende für Ausmaße annimmt und was sich aus ihr tatsächlich ergeben wird, kann man dennoch nie feststellen.

Heilige Zahlen

Es fließt die Kraft Gottes durch meine Hände und verfügt nun über den Ausgang meines Projektes.Ich gebe die Kontrolle ab und lasse mich ganz im Fluss des Lebens treiben.

So waren es doch die Zahlen, die die Menschen immer weiter an ihre erschaffene Illusion glauben ließen. Die Reise ins Unbestimmte, mit offenen Armen und mit geschlossenen Augen renne ich auf dem Weg, der vor mir liegt. Einzig geleitet durch die ewige Weisheit. Das Universum ist unendlich verschwenderisch und ich nehme diese Fülle gerne an.

Ich setze meine Kraft für die Liebe ein. Ich gebe den Wesen den Antrieb dazu, sich selbst zu erkennen und sich dessen bewusst zu werden. Lasst uns gemeinsam hinsehen und die Reise beginnen.

Ich gebe alles ans Universum zurück, ich koste die Fülle dieses Lebens voll aus. Innerer Reichtum erfüllt mein Selbst voll und ganz. Ich schreite auf dem Pfad, der vor mir liegt, in Demut vor dem Leben, das mir diese Chancen eröffnet hat. Heilung ist natürlich, alle Wesen sollen sich geliebt fühlen und strahlen.

Geben

Ich gebe alles zurück, mein Leben und mein Selbst. Der Energiefluss ist spürbar, von oben und von überall kommt und geht sie. Sie durchströmt alles und verbindet. Ein Teil und doch alles, sie führt alles zusammen. Es geschieht genau so, wie es geschehen soll. Der Gebende sollte dankbar sein. Durchzogen von einem Geflecht aus Kraft und Erfüllung lasse ich mich fallen und gehen. Mary und ich gehen gemeinsam auf diesem Weg. Bereit, alles zu erleben und ohne Erwartungen. Vertrauen in die Weisheit des Universums, stets den Pfad zu eröffnen, der wahrhaftig der Pfad zur Glückseligkeit ist. Ich gebe mich vollends hin und genieße das Treiben. Das Treiben ist das Leben, am Anfang steht nichts, am Ende steht nichts, das Treiben ist der ewige Moment.

Die wahre Natur

Die Welt steht Kopf. Ein Meer aus silbernen Sternen erstreckt sich durch das Wasser. Die Wahrnehmung ist vielseitig und melancholisch. Kälte durchströmt meinen Leib. Die Welt ist verrückt und unberechenbar. Nun wissen wir, wie es wirklich ist. Göttliche Schöpfer durchstreifen auf dem Boden dieser Erde die Städte. Haben sich selbst eingesperrt. Unwissentlich? Aus Bequemlichkeit heraus. Ausreden finden sich stets und ständig.

Doch beim Hinausgehen schon merken sie, welche Kraft sie besitzen. Fantasie und das pure Sein. Sie sind die Werkzeuge zum Erschaffen der Realität. Du wählst sie selbst aus, du hast sie dir ausgesucht und wirst sie noch wählen. Stete Achtsamkeit und Sorgfalt sind geboten, um klar sehen zu können. Es gibt so viel zu lernen. Du bist dein Gott!

Ideen gibt es viele, nutze sie und mach dich an die Umsetzung, erfahre, was auf diesem Weg liegt und wohin er dich führen wird. Sei weise und öffne die Augen. Du entscheidest für dein Selbst.

Akrobatisch sein

Wer den Sprung nicht wagt, wird nie erfahren, was passiert wäre. Wir bereuen immer die Sachen, die wir nicht getan haben. Einfach mal machen und sich trauen, einen anderen Weg einzuschlagen als die anderen. Was soll schon passieren? Es wird sich nichts verändern, wenn du nichts änderst. Fang jetzt an und erlebe die Magie.

Das Leben machen lassen, in dem Wissen, es aus tiefstem Herzen und voller Liebe getan zu haben. Ran an die Umsetzung, ran ans Tun. Das Herz leitet mich. Vertrauen in die eigene Fähigkeit und in mein Selbst. Erst dann werde ich begreifen, wozu ich in der Lage bin und was alles möglich ist. Wer sagt uns, was möglich ist? Wer hat es schon mal probiert?

Freie Affirmationen

#Ich bin ganz frei und gebe meine Liebe ganz bedingunglos an andere Wesen weiter. Ich liebe gemeinsam mit den Wesen den Moment. Ungebunden an nichts und niemanden, in völliger Freiheit.

Ich bin mein eigener Schöpfer und kann alles kreieren, was auch immer ich möchte. Kommt es von Herzen, wird es in Erfüllung gehen. Ich habe immer genug Energie, das zu tun, was getan werden muss. Ich gebe das Licht weiter und zeige es den anderen Wesen. Gemeinsam verbreiten wir es und damit die Freude und Glückseligkeit die dieses Leben zu bieten hat, aus Liebe.#

Mut

Mut, das zu erkennen, was erkannt werden muss. Dies anzunehmen und zu akzeptieren erfordert viel Kraft. Wir kennen unseren Weg und unsere Bestimmung. Davor wegzulaufen wird in Leid münden. Ich bin dankbar, dies zu erkennen.

Ich bin vollkommen, ganz ohne Besitz und Gebundenes. Ich suche keinen Halt mehr in den Dingen. Ich finde ihn im Fluss des Lebens, indem ich einfach endlich loslasse. Ich lasse die Last los, die mich so lange begleitet hat, und verabschiede mich von ihr in voller Dankbarkeit dafür, was sie mir gezeigt und ermöglicht hat. Heute stehe ich hier aufgrund meiner vergangenen Entscheidungen, danke.

Immer nach vorne blicken und das in die Arme schließen, was kommen wird. Ich vertraue mutig dem Leben und genieße jeden Augenblick. In völliger Erlösung und Heiterkeit. Danke für die Kraft und den Mut, diesen Weg zu gehen. Liebe wird mein Begleiter sein. Solange dem so ist, wird es meinem Selbst an nichts fehlen.

Was sollen wir tun?

Menschlichkeit. Ich bin dankbar dafür, entscheiden zu können. Ich helfe dort, wo ich kann, und gebe das, was ich zu geben vermag. Ich ziehe das an, was ich gebe. Einfach menschlich sein, das ist es, was du tun kannst.

Es ist nicht billig zu empfangen, vieles muss gegeben werden. Wer nicht bezahlt, muss alles zurückgeben Die Botschaft der Liebe verbreiten und weitergeben, das ist es, was du tun kannst.

So viel steckt in uns, gemeinsam schaffen wir Erkenntnis dafür. Handel stets nach deiner wahren Natur, nicht nach deiner scheinbaren, an die Gesellschaft angepassten Natur. Handle ganz nach deiner inneren Intuition. Du weißt, was richtig ist, und kennst deine Bestimmung. Bist du auch bereit, ihr zu folgen?

Du hast die Wahl. Ich wähle Menschlichkeit und Liebe.

Kapitel 6 – Wie wirst du wählen?

Atmen

Nach diesem tiefen und aufschlussreichen Einblick in MEINE persönliche Weiterentwicklung kommen nun wahrscheinlich viele Fragen und Gedanken auf. Ich möchte deshalb nicht einfach enden, sondern weitere Tipps geben, die mögliche Hindernisse auf dem bevorstehenden Weg bereits vorher auflösen können.

Solltest du nun überlegen, selbst den Weg zu wählen und deine Schöpferkraft bewusst zu nutzen, sei gewarnt.

Dieser Weg, ist er erst einmal beschritten, führt nur in eine Richtung. Es gibt kein Zurück, nicht dass du jemals zurückgehen wollen würdest, aber es ist nicht leicht, besonders wenn du einen sehr etablierten Stand in der menschlichen Gesellschaft hast, wirst du auf viele Hürden stoßen.

Wie du die Dinge jetzt siehst, wird nicht mehr sein. Wie du die Menschen siehst, wird nicht mehr sein. Du wirst dich isoliert und verloren fühlen. All die Einbildungen werden verschwinden und du wirst dein Selbst offenbaren. Sieh das erste Mal ganz klar und nutze deine Gefühle, um dich auszudrücken.

Hüte dich vor Eitelkeit und dem Ego. Jeder entscheidet seinen Weg und du kannst nur für dich selbst entscheiden. Mut ohne Demut ist wie eine Anleitung zum scheitern.

Ich möchte ganz klar darauf hinweisen, dass, falls du nun überlegst, ebenfalls magische Trüffel/Pilze zu konsumieren, um deine Reise in eine neue Richtung zu lenken, du dich ganz besonders gut darauf vorbereiten solltest. Es ist keine Droge im herkömmlichen Sinne. Besonders wenn man eine Intention im Kopf hat, wird diese Erfahrung die Weisheit des Lebens offenbaren und starken Einfluss auf dich nehmen.

Die Energien, die hier fließen, sind sehr mächtig. Sie können erschaffen und zerstören. Nutze sie stets in liebevoller Absicht und du wirst sehen, wie sich dein Selbst, dein Denken und einfach alles dem Positiven zuwendet. Ihre zerstörerische Natur wird irreparable Änderungen hervorrufen die dir zum jetzigen Zeitpunkt nicht bewusst sein können. Sei dir darüber im klaren. Dann triff deine Entscheidung.

Es gibt hierfür keine Garantie, dass es etwas verändern wird. Mach es einfach zu einem ganz besonderen Ereignis und genieße die Zeit.

Ganz gezielte Intentionen setzen und vorher gründlich nach innen blicken sind ein guter Anfang. Du weißt wer dich aufhält und was du ändern musst. Sei die Veränderung und sei bewusst. Es ist nicht einfach vor seinem Selbst zuzugeben was passieren muss. Tu einfach das, was getan werden muss und sieh was passiert.

Hier ein Beispiel meiner aufgezeichneten Intentionen:

Intentionen

Ich möchte die Leere in mir verstehen. Wo gehe ich hin? Was macht Ressi? Wie ist seine Wesensnatur?

Was möchte ich erschaffen? Wo ist mein Platz?

Ich kehre ein, um zu sehen und zu erfahren. Ich sehe offen hin und nehme mein Selbst in voller Liebe und Vertrauen an. Ich gebe mich hin und lasse mich gehen.

Wie man sehen kann, stellte ich eine Menge Fragen und war sehr verzweifelt, was meine aktuelle Situation anging. Es hilft, immer wieder einzukehren und sich genaue Fragen zu stellen. Dann kann man auch die Antworten erkennen. Es gibt niemals eine Antwort von außen, nur in deinem Selbst kannst du die Antworten finden, nach denen du suchst. Sei dir dessen stets bewusst. Verändere dich, um Veränderung im Außen zu bewirken.

Mir sind nach und nach immer mehr Sachen aufgefallen, die ich sonst so alltäglich hingenommen habe. Ich mag kein grelles Licht und dennoch habe ich ständig grelle Lichter eingeschaltet gehabt, weil sie eben so für den Raum/ das Zimmer vorgesehen sind. Ich entschied mich dagegen und lebe jetzt in Kerzenschein und angenehm warmem Licht. Hier fühlt sich mein Selbst wohl. Es braucht so wenig, diese Veränderung einzuleiten. Sei mutig und wage den Schritt für dein Selbst. Du wirst dir danken.

Ich empfehle, die Pilze nicht alleine einzunehmen. Zieh am besten einen erfahrenen Freund oder einen "Lehrer" zur Seite. Falls du eine solche Person noch nicht kennen solltest, wenn es auf deinem Weg liegt, wirst du ihn oder sie finden. Vielleicht kennst du das Wesen auch schon?

Eine gründliche vorherige Recherche kann ebenfalls helfen und bietet eine gesunde Grundlage. Je mehr du nachließt, umso mehr wirst du die Energien aufnehmen und annehmen können. Du solltet dich mit den Pilzen umgeben und sie Teil von dir werden lassen.

Nimm nur so viel ein, wie du dich auch wohlfühlst, und mache nach dem ersten Konsum mindestens 1 Monat Pause. Es ist ein Prozess und man sollte nichts überstürzen, sonst überrollt es einen. Nach der Einnahme von magischen Trüffeln solltest Du etwa nach 30–60 Minuten beginnen, eine Wirkung zu verspüren. Der Trip kann insgesamt irgendwo zwischen 3 und 6 Stunden andauern. Das hängt ganz von der Sorte, der Umgebung und deinem körperlichen Zustand ab.

Sei ganz bewusst bei der Einnahme. Spüre, wie du sie erst in der Hand hältst und danach in dich aufnimmst. Sind sie erst einmal aufgenommen, bleiben sie im Körper. Für immer werden sie ein Teil von dir.

Ich möchte ausdrücklich NICHT zum Konsum animieren. Bei einer falschen Dosierung oder einem schlecht geplanten Setting können diese Energien ungeahnte Gewalten hervorrufen und irreparable Schäden verursachen, von denen du dich nur langsam oder gar nicht mehr erholen wirst.

Trage keine Furcht in dir, wenn du das Buch gelesen hast, dann weißt du, wohin dein Weg führen wird. Du wählst den Weg für dein Selbst, trage die Verantwortung für deine Entscheidungen und Taten.

Selbstverständlich kann man nun aber auch ohne Pilzerfahrung fortfahren. Schreibe deine Fragen auf, lege sie beiseite und schaue an einen späteren Tag auf den Zettel. Welche Frage hat sich erübrigt? Welche ist geblieben? Warum ist sie geblieben? Wer fragt da eigentlich?

Meditiere über deine Fragen und du wirst deine Antworten bekommen. Sie liegen in dir.

Nutze die Kraft des Visualisierens und stelle dir stets dein Selbst genauso vor, wie du es leben willst. Sei einfach du selbst und habe Freude dabei! Liebe, lebe, lache und tobe. Diese Welt ist dein Spielplatz. Nutze den Platz, den dir das Universum bietet, und erschaffe, erfahre und fühle.

Trage immer ein Lächeln auf dem Weg deines Lebens, ist die Zeit hier doch viel zu kostbar, um sich mit Fragen zu quälen, die so belangloser Natur sind.

Du hast natürlich auch die Option, dieses Buch einfach abzulegen und deinen Alltag weiter so zu beschreiben, wie du es vorher getan hast. Noch hast du nichts verändert, es sei denn, du hast dich bereits während des Lesens anders entschieden.

Solltest du nun doch einmal im Leben des menschlichen Alltags auf eine Situation stoßen, die dich deinen aktuellen Lebensstand erneut hinterfragen lässt. Komme hierher zurück und lies erneut. Du hast jeden Tag die Möglichkeit, dich anders zu entscheiden.

Fühlst du dich unglücklich, lustlos, antriebslos und siehst keinen Sinn in dieser menschlichen Maschinerie?

Dann wähle erneut und schau, wohin du gelangen kannst. Es ist deine Lebenszeit, irgendwann geht sie vorbei. Worauf blickst du zurück? Konntest du dein Selbst ausdrücken? Hast du deine Liebe teilen können? Wen rufst du an wenn es keine Banken, kein Geld, kein System etc. mehr gibt?

Ich wünsche dir, dass du stets aus Liebe heraus handelst und Menschlichkeit zeigst. Bruder/Schwester, ich liebe dich. Fühle dich geliebt und nimm dich an. Jah love.

<3

Kapitel 7 – Wiedergeburt

Selbstausdruck

Sein Selbst genauso leben, wie man möchte. Seinem Selbst Ausdruck verleihen und es nach außen lassen. Es befreien und endlich sein lassen. In voller Liebe aufgehen und die Liebe auf den Weg schicken. Sie verteilt sich auf ihrem Weg unter allen empfänglichen Wesen.

Ich liebe mein Selbst und lasse es aufgehen, sprießen und erblühen. Ich blicke tief und nehme meine Bestimmung an. Ich schaffe Raum zum Entfalten und wünsche mir, dass ich stets mit vollem Herzen handle. Ich wünsche mir, dass ich einen Weg finde, meine Liebe auszudrücken.# Ich erschaffe dadurch die lebensnotwendigen Mittel für mein Wesen. Meinem Selbst soll es nie an Essen, Wärme und heißen Getränken mangeln. Ich sorge für mein Selbst und erlöse es aus der Abhängigkeit. Die Abhängigkeit, Mittel von anderen Wesen beziehen zu müssen. #

Ich breite meine Flügel aus und fliege im Raum der Ewigkeit. Es gibt kein Fallen, wenn man fliegen kann. Ich lasse einfach los und vertraue auf meine Fähigkeiten. Ich erschaffe und kreiere aus dieser Leere heraus die Liebe und den Ausdruck meines Selbst. Ich lass es fließen und drücke aus, was in mir schlummert. Ich zeige es der Welt und begeistere die Wesen. Ich bin selbst ganz begeistert von dieser Begeisterung. Gemeinsam schaffen, kreieren und vereinen. Ich erschaffe eine Einheit der Liebe.

Alles ist so frei und einzigartig. Ich schreibe und schreibe mit einem Lächeln. Stets in bester Absicht und aus vollem Herzen heraus. Mein Selbstausdruck.

Antworten

Versucht man, Antworten zu finden, wird man stetig scheitern. Es gibt kein Versuchen, tu es oder lass es. Sehe ich genau hin, so sehe ich doch stets, dass es keiner Antwort bedarf. Ich nehme das an, was in mir ist, und drücke es aus. Ich lasse es von meinem Selbst ausdrücken und erfreue mich stets daran. Ich tue es gerne und mit einem Lächeln. Ich transportiere meine Liebe und spreche durch die Stille dieser Leere.

Ich schicke es durch den Raum und weiß genau, wie weit es auch weg sein mag: Es verschwindet niemals ganz. Das, was wir in uns tragen, verschwindet niemals ganz. Der Fluss ist endlos und zeigt die Unbeständigkeit der Dinge in seiner Beständigkeit auf.

Aufbau, Zerstörung, Zerfall, Wiedergeburt, Klarheit. Prozesse müssen abgeschlossen werden, dann entfalten sie ihre innerste Wirkung.

Offener Ausdruck seines Selbst in seiner pursten Form birgt Glückseligkeit und Begeisterung. Bereicherung lässt sich im Austausch mit anderen Wesen finden. Gemeinsam wachsen, Liebe austauschen und erfahren.

Ich möchte stets eine frohe Zeit erleben und mich an jedem Moment erfreuen können. Ich möchte stets ein Lächeln tragen und mein

Glück genießen können. Freudestrahlend und lächelnd gehe ich auf wie die Sonne am Morgen und leuchte hell und aufbauend.

Ich drücke meine Gefühle aus und zeige mich offen. Schau mit in meine Welt, ich lade dich ein, zu bleiben und gemeinsam das Funkeln dieses Lebens zu betrachten.Aufwühlen und wieder neu ordnen, ein Prozess, der nur auf meinen Entscheidungen beruht.

Alles ist ein Buch, aber jeder Text darin ist so entstanden, als ob er ein eigenes Buch ist. Vereinigung der Liebe und des Selbstausdruckes. verbunden durch die Wurzeln der Erde. Die Liebe durchfließt sie und sie erlebt sich ganz frei und voller Freude.

Das, was raus muss, darf rauskommen und sich zeigen. Ich lasse es gehen und verabschiede mich voller Dankbarkeit. Handeln aus Liebe, ganz bedingungslos.

Ich fliege durch die Leere hindurch und freue mich aus tiefstem Herzen darüber, sie durchqueren zu dürfen. Ich verabschiede mich in Liebe und lasse sie leer, ich fülle mein Selbst ganz und gar aus. Ich genieße das Leben und die Freiheit, die ich so sehr liebe.

Danke für diese Freiheit.

Jah love

Die tiefe Liebe, die in jedem Wesen steckt. Die Verbundenheit und die daraus entstandene Einheit. Der unendliche Fluss, der niemals versiegt. Die pure Liebe zum Sein und der Wandel durch den Raum.

Die Energie, die meinen Stift in Schwingung bringt und sich auf dem Papier ausdrückt. Liebe zum Weiterschenken. Empfänglich sein und sich begeistern lassen.

Die durch die Stille geöffneten Pforten in die Tiefe der Liebe und des Herzens. Die Pforten weisen den Weg und offenbaren meine innersten Empfindungen. Das Teilen der Liebe unter den Wesen.

Du kannst die Sonne nicht fangen. Sieh die frohe Botschaft daraus. Wachse durch sie und sei dankbar für ihr Licht und ihre Wärme. Erfreue dich an ihrer täglichen „irdischen" Wiedergeburt. So notwendig ihr Dasein auch ist, erleben wir ihre Natur auf eine Weise der unbeständigen Beständigkeit.

Mir fehlen so oft die Worte, wenn ich versuche, einen Ausdruck dafür zu finden, was ich wirklich will oder tun möchte. Ich entscheide und wähle weise, was geschehen soll. Ich möchte es mit einem Lächeln und voller Freude tun. Ich wähle das, was mich erfüllt und das Leben genießen lässt.

Ich und Ich sind die Liebe des Seins. Jah love. Ich helfe dem Wesen und erfülle meinen Auftrag.

Ich liebe es so sehr, die Wege zu begleiten und diese Bereicherung zu genießen. Einfach leben.

In der Liebe steckt die Wahrheit. Ich übe Liebe auf jedem Schritt aus, egal wohin ich gehe. Sie begeistert mich, lässt mich ausdrücken und kreieren. Danke für dieses Schreiben. Ich blicke auf meine aus purer Liebe entstandenen Kreationen. Meine Glückseligkeit inspiriert mich immer weiter, die Liebe zu verstreuen. Ich ernte das, was ich säe.

Schreibelicht

Jeden Moment zu einem ganz besonderen machen und ihn aus vollem Herzen genießen. Die Dinge, die ich liebe, sind so einfach und schlicht, ich liebe es.

#Ich bin wunderschön, ich bin reichlich, ich bin glückselig.# Ganz im Moment, ganz ich, völlige Liebe, ich bin so dankbar. Eine Schreiblichtkerze leuchtet hell. Der angenehme Geruch des Tees ist neben dem orientalischen Duft des Räucherstäbchens nur leicht wahrzunehmen. Musik voller Liebe und Verbundenheit spielt leise und begeisternd.

Ein angenehmes Licht dringt durch die Fensterscheiben in den Raum hinein. Ich erfreue mich an jeder Kleinigkeit, weil mir meine Tätigkeit eine solche Freude bereitet.

In der Stille versunken, kreativ werden und kreieren. Zeit für die Umsetzung.

Es ist an der Zeit, Veränderungen einzuleiten und nach außen zu tragen. In ganz neuem Licht und neuer Motivation tue ich genau das, was der Fluss mir gibt. Ich allein bestimme das Tempo, um ein stetiges Wachstum zu ermöglichen.

Ich bin nicht hier, um dir zu gefallen, ich bin hier, um zu glühen und zu strahlen. Das kann nur ich entscheiden, umsetzen und erleben.

Mit Liebe und Inspiration durchs Leben verteile ich Inspirationen und meine Liebe.

Ich ziehe das an, was ich nach außen bringe. Jeden Ort in den Himmel verwandeln und es genießen, ihn zu erleben.

Kratzen

Ein innerer Kampf, schmerzlich und leidend. Ich lasse es raus und lass es frei sein. Ein Teil von mir, der mir so bekannt ist, dennoch fühle ich keine Verbindung zum Selbst. Es ist in mir und schreit seine Sehnsucht heraus.

Gedemütigt und zertreten, wehrlos am Boden, liegt es da. Ich helfe ihm auf und schließe ihn in meine Arme, teile meine Liebe mit ihm und er mit mir.

Ich schließe Frieden mit jedem Teil meines Selbst und erlange neue freie Liebe, die bereit ist, empfangen zu werden.

Die Dinge gehen niemals ganz, sie ziehen nur weiter.

Energie kann nicht verschwinden, sie ist immer allgegenwärtig. Was steckt alles in mir? Ich erkenne es nach und nach mehr und erfreue mich so sehr an dieser Liebe, die dabei freigesetzt wird.

So frei und vollkommen. Die Gedanken kommentieren ja doch nur das, was eben wortlos bleibt. Sie suchen nach Antworten auf eine Frage in einer Welt, die doch so fraglos ist. All die falschen Ideen, der falsche Glaube, ich lasse es stolz fallen und erkenne meine Wahrheit an. Voller Demut ergebe ich mich dem Leben. Ich trage so eine starke Dankbarkeit für diese starke Liebe in mir Danke.

Ein Gedicht

Ich werfe meine Gebete wie Vögel in den Himmel. Sie flattern wild und frei im Raum umher, geordnetes Gewimmel.

Heiterkeit erfüllt den Raum, Glückseligkeit im Leben.

Geben und empfänglich sein, das ist einfach nur Leben.

Es gibt nichts zu verstehen, da sind keine Schranken, die ich nicht selbst geschaffen habe.

Komme ich ins Wanken, wenn der verkehrte Glaube so wichtig erscheint?

Ist doch nur alles eine Illusion des Denkens.

Wirklich ist nur das Sein und die Liebe, die daraus fließt. Sehe ich doch, wie sie sich um alles windet und sprießt.

Ich verschließe mich nicht mehr vor dem, was in mir pocht und nach draußen will.

Es wird Zeit, zu gehen und keine Fragen mehr zu stellen.

Göttliche Pforte

Ist das Herz ganz offen,, o kann alles heraustreten was sonst so tief im inneren verschlossen gehalten wurde. Es ist eine Befreiung der eigenen Gebete.

Wenn etwas heraustreten kann, so können auch allerlei Dinge empfangen werden. Die Intuition kann ein weiser Führer sein,, auch wenn sie sich leicht durch naive Denkmuster irritieren lässt.

Selbstliebe ist keine Selbstsucht. Ich kann niemandem helfen, wenn ich nicht auf mein Selbst achte. Erholung, Ruhe und das schöpfen neuer Kraft ist der Treibstoff für die Erhaltung des inneren Lichtes. Nächstenliebe ohn Selbstliebe ist zu Leid verdammt.

Sind die Pforten geöffnet, setzt eine Wahrnehmung über eine neue Ebene ein, die anfangs unwirklich und nicht real erscheinen mag. Doch du solltest auf dein inneres Gefühl vertrauen. Heilung ist ein Prozess, keine direkte Wirkung kann Heilung hervorrufen.

Es ist das Prinzip der Selbstheilung, das in allen Wesen steckt und darauf wartet genutzt zu werden. Die Magie des Lebens liegt in seiner Vergänglichkeit. Nichts wird je so bleiben, wie es gerade ist. Die Natur aller Dinge, ist der Zerfall. Ihre Unbeständigkeit bleibt stets Beständig.

Lebe doch einfach!

Gesammeltes Wissen

Das Selbst trägt eine große menge Wissen in sich, so macht es zumindest den Anschein. So fallen mir, bei den Fragen der Existenz und Grundlage des menschlichen Seins, doch keine passenden Fakten ein die eine Antwort hervorbringen könnten. Genau hier liegt die Ursache dieser Ratlosigkeit.

Die Sammlung der Fakten, die sich als Wissen tarnen, vermögen keine Antworten zu offenbaren. So bleiben sie doch leer, obwohl sie gegenteiliges versprechen. Alle Dinge tragen diese Leere.

Diese Tatsache mag erschreckend sein, doch ist es die Natur der Dinge und Wesen völlig leer zu sein. Die Suche nach einem Sinn im Äußeren wird stets erfolglos bleiben. So liegt der Sinn doch offensichtlich, in der natürlichen Beschaffenheit des Lebens.

Als Schöpfer meines Selbst muss ich nur tiefe und stille Eindrücke erlangen, die Natur meines Selbst anerkennen und diese ausleben. Ich darf mich nach außen zeigen, ich darf sein wer ich bin.

Wissen kann nicht gesammelt werden, Wissen liegt tief im inneren des Selbst. Doch bleiben wir stets ohne Wissen.

Wo nichts mehr bleibt, ist alles Übrige bereit erfahren zu werden.

Ang Sang Wahe Guru

Auf der Suche nach Antworten, obwohl ich genau weiß, dass es nie eine geben wird. So bleibt doch mein innerer Frieden, die wahre Antwort auf alle „Probleme". Ich möchte den Moment, der mir geschenkt wurde, völlig genießen können und die Freuden des Lebens fühlen. Ich möchte mein Herz öffnen und die Liebe einladen zu bleiben.

Ich kann fühlen, wie sich der Frieden in Stille ausbreitet. Warm und erfüllend beflügelt er meinen Geist. So sind doch alle Probleme Illusionen.

Vollkommen friedlich, liegt der Weg vor meinem Selbst und lädt es zu seinen Abenteuern ein. Ich möchte die Abenteuer des Lebens in Freude erleben und mein Selbst, es selbst sein lassen. Den so kostbaren Moment einfach durch die Gedanken an die Zukunft, Verzweiflung und Ratlosigkeit zu herzugeben ist nicht das, was ich für mein Selbst möchte.

So bleibt doch stets die Gegenwart das, was ist. Die Verbundenheit zwischen allen und allem zu spüren, versetzt mich in pure Freude und Glück.

Ich weiß nicht, was der Plan Gottes für mich noch alles bereithält, ich bleibe Wissenslos. Ich gebe mich jetzt völlig dem Fluss des Lebens hin und versinke in ihm. Keine Fragen, keine Sorgen mehr.

Wieder lasse ich alte Denkweisen zurück und lege sie vollständig ab. Frieden und die pure innere Liebe durchströmen mein Selbst auf dem Weg durch das Leben.

Freiheit und Freude!

Mögen alle Wesen, in allen Welten glücklich sein!

Ende

Der Lauf der Dinge endet ganz natürlich. Irgendwann zerfallen sie und gehen zu Ende. Sie sind vollkommen leer, das ist ihre Natur. Daraus resultiert, dass es völlig sinnfrei wäre, in Dingen etwas zu suchen, das einem Halt, oder sogar eine Bestimmung geben könnte. Unser Selbst ist ebenfalls von Natur aus leer, da ist nichts, worauf sich ein Ich aufbauen könnte. Es könnte sich an nichts festhalten. Die pure Leere.

Selbsterkenntnis ist die Erkenntnis, dass es kein Selbst zu erkennen gibt.

Das, was selbst kein Objekt der Wahrnehmung ist, aber dennoch alles erfährt, ist komplett leer, formlos, raumlos, substanzlos und zeitlos. Es wurde nicht erschaffen und wird nie vergehen. Es ist die Basis der Realität, aber nicht von dieser Welt. Da ist nichts zu verstehen. Der Urgrund der Welt. Es ist die Realität.

"Dort, wo alle Wege enden, beginnt der Weg des Erwachens.

Es wird dunkel werden, aber der Schatten entsteht nur durch das Licht, das, was es verdeckt, ist dein Selbst. ~ inspiriert durch Tilopa

Kapitel 8 – Inspirationen und Wegweiser

Zitate Sammlung von Ressi

„Glaube kann einem Halt geben, aber keine Antworten."

„Man selbst kann dem Selbst einen Sinn geben."

„Die Unwissenheit bindet uns an die Dingwelt, sie abzulegen führt zur Emanzipation der Leere"

„Die Leere ist das Gegenmittel zur Fehlauffassung von Individualität (Ich und Mein)."

„Liebe ist meine Natur"

„Sei dir deiner Vergangenheit bewusst, aber nicht auf Kosten des Augenblicks"

„Achtsamkeit heißt, den Moment zu leben"

„Warum erlaubst du etwas, was nicht Teil deiner Selbst ist, dich mit Sorge zu erfüllen?"

„Nichts ist beständig, außer die Unbeständigkeit"

„Mensch sein ist einfach fabelhaft."

„Leere bedeutet Abwesenheit aller Einbildung"

„Schiebe es nicht weg, zieh es nicht zu dir heran."

„Alles, was wir sehen, ist aus Energie entstanden"

„Was danach geschieht, das wissen wir nicht"

„Die Freude und das Lächeln sind der Sommer des Lebens." ~ Jean Paul

„Freude nimmt niemals ab, wenn man sie teilt." ~ Buddha

"Wo sich der Kopf verneigt, fühlt das Herz Liebe und Freude"

"Love is an infinite power"

"Seek something higher"

"Appreciate the life you have been given"

"Die schwersten Steine sind die, die man sich selbst in den Weg legt"

"The more you shine, the more shadows you cast"

Nachwort

Ich wünsche dir Kraft, Mut, Dankbarkeit, Achtsamkeit und ganz viel Liebe auf deinem weiteren Lebensweg. Vergiss nicht, genieße das Leben und erleuchte!

Ich freue mich über jede Bemerkung oder Anmerkung, die du als Leser nun gerne stellen darfst. Konntest du etwas für dich mitnehmen?

Zögere nicht, mich auch direkt zu kontaktieren, egal warum du das Verlangen danach haben solltest, tu es gerne. Ich freue mich, in den Austausch zu treten und deine Geschichte oder Frage anzuhören. Lasst uns immer weiter gemeinsam gehen und die Einheit der Menschen nutzen. Voneinander lernen und gemeinsam lieben. In Frieden existieren und das Leben in vollen Zügen genießen.

Ganz viel Liebe<3

Kontaktdaten:

~ Ressi

journey.of.ressi@gmail.com

@journey_of_ressi

~ Instagram

~ "Liebe ist Stärke und wird Dir Erkenntnisse bringen"

Made in the USA
Monee, IL
03 May 2026